北村年子

ま、いっかと力をぬいて

幸せなママになるレッスン

赤ちゃんとママ社

生きてくれて　ありがとう

Dear My Friends

親愛なるママたちへ

小さないのちを育てているママ、毎日大変ですね。お疲れさま。

この本を手にとってくれて、どうもありがとう。

この本をもっているあなたの手は、少なくとも今、自分自身のために使えているのですね。

子どもは寝つきましたか？　家族か、誰かが、みてくれていますか？

安全なところにいるのなら、ママもひと息つけますね。よかったです。

もしかしたら、子どもを抱っこしながら、片手でページをめくってくれているかもしれませんね。

ごくろうさま。あなたのお役に立てたらうれしいです。


でも、この本は、「いいお母さん」になるための本では、ありません。

むしろ、「いいお母さんにならなくちゃ」という縛りから解放されて、「私は私でこんないいとこあるじゃん！」って、もっと自分を好きになり、「幸せなママ」になるための本です。

月刊誌『赤ちゃんとママ』を通して、全国のママたちから届いた、さまざまな悩み・相談のおたより。そのママたちの多くが「いいお母さんにならなくちゃ」と思って苦しみ、そうできない自分を責めて、悩んでいました。「自分はなんてダメな母親なんだろう」「なんでもっといいママになれないいんだろう…」と。

その声のなかには、〝あなた〟も、いるかもしれません。

「いいお母さん」という「正しく・完ぺきな・理想のお母さん」をめざして、一生懸命、あれもしなくちゃ、これもしなくちゃと、がんばればがんばるほど、疲れて、イライラして、つい子どもやまわりにもあたってしまう。結局、もっと自分がイヤになって、自分を責めてしまう。そんなことは、ありませんか？

イライラしているときは、心が傷ついて、苦しんでいるときです。

子育てがつらい、と感じるときは、自分に「無理ながんばり」を強いているときです。

だからそんなときは、ちょっと立ち止まって、静かに呼吸して、おまじない。

「イライラするまでがんばらない」「責めたくなるまでがんばらない」

そして、「ま、いっか」と、いってみる。

ほっと、肩の力をぬいて、「とりあえず、生きてるだけで、百点満点!」「ドンマイ! 今日も食べさせてる、子どもも笑ってる。上等、上等!」と、今あるいいとこを見て、まずは、自分をほめてあげましょう。

完ぺきをめざさず、不完全を許せるお母さんは、「良い加減」にいいかげんで、「幸せ」でいられます。自分を受けいれ、子どもを受けいれ、今この状態を受けいれ、笑っていられます。

そんな、幸せなママから、幸せな子どもが、育ちます。

だから、子どもを幸せにしなくちゃと思うより、お母さんがまず幸せになってください。子どもをほめなくちゃという前に、お母さんがまず、自分をほめましょう。

たとえば、今、この本をもっている、あなたのその手。

今日一日だけでも、どれだけ多くの働きをしましたか？　数えきれないぐらいほめられるでしょう。

布団をかたづけ、子どもを抱っこし、ミルクをあげ、オムツをかえ、包丁をもち、食事をつくり、洗濯ものを干し…。さらに仕事をしている人は、保育園の送り迎えに、仕事がおわってからもまた家事・育児…。

育《イク》メン・パパもがんばってるでしょうが、やはり現実はまだまだ、〝母〟である女性のほうが、より多くの家事・育児をになっています。そんなことは「あたりまえ」ではないのです。とても大変で、すごいことなのです。

えらいね、よくやってるね。ママは、もっともっと、ほめられていい。誰がほめなくても、自分が自分を、ほめてあげましょう。

さあ、そんな「幸せなママになるレッスン」を、ここからいっしょに、始めてみませんか。

Contents

Contents

Contents

※個人の特定を避けるため、おたよりはすべて仮名とし、お子さんの月齢なども一部変更しています。

第1章

子どものこと

Q 赤ちゃんがかわいく思えません

待ちに待った赤ちゃん。生まれたらきっとかわいいはず！　と思っていたのに、娘におっぱいをあげたりオムツがえをしたりという毎日に、うんざりしている自分がいます。いつまでこんなことが続くのでしょうか。

特に、母乳だけで育てたいと思っているので、3時間おきに授乳しているのですが、なぜかなかなか寝ついてくれず、私も寝られません。

子どもを産む前は、子育てはもっと楽しくて明るい、すてきなイメージがありました。それなのに実際に生まれてみたら、こんなはずじゃなかった！　と思うことばかりです。そう思ってしまう自分、わが子がかわいいと思えない自分は、母親としておかしいのでしょうか。

（ゆりさん・30歳／3ヵ月の女の子のママ）

A

「ま、いっか」と力をぬいて

わかります。生まれたばかりの赤ちゃんは、まだ話もできないし、ほとんど泣いてばかり…。火がついたように泣かれると〝かわいいわが子〟のはずなのに、かわいく思えない。そんな自分を、なんて母親だろうって、私も自己嫌悪になったものでした。

また「母乳でなくちゃ」と私もがんばっていましたから、それが育児ノイローゼに拍車をかけました。「ミルクをたせば、いっか」と思えばよかったものの、母乳にこだわるあまり、おっぱいがたりてないことにも気づかず、夜泣きする息子にひと晩じゅう、授乳しながら「なんで寝てくれないの〜」と、からだもへとへと。まるで自分が自分でなくなっていくような、〝おっぱいマシーン〟になったような気分でした。

そんななかで、子育てが楽しく思えなくなるのも、当然です。家事も育児も「こうでなくちゃ」病になっていると、どんどんつらくなります。こんなもんで「ま、いっか」と、肩の力をぬいて、許せるものはどんどん許し、がんばらないようにしましょう。

そして、赤ちゃんを受けいれられるようになるためにも、ゆりさん自身がまず、「自分」

を受けいれ、大事にしてあげることが必要です。

がんばりすぎず、泣きたい自分も受けいれて

自分を責めたり嫌ったりしていると、子育てはもっとつらくなっていきます。イライラしてしまう自分のことも否定しないで、「なんでイライラしちゃうのかな？」と、自分の心の声を聞いてみてあげてください。

子どもの泣き声にイライラするのは、もしかしたら、ゆりさんのなかに「泣けない私」がいるからかもしれません。「私だって泣かないでがんばっているのに！」と、子どもの泣き声を許せないのかもしれません。

実は、私がそうでした。子どもが泣くたびに、無性にイライラしてしまう。わが子が泣いても、平然としているママもいるのに、なぜか私は、泣き声ががまんできず、泣くな！という気持ちになってしまう…。その怒りの根っこには、子ども時代、泣きたくても泣かずに「いい子」でがんばっていた自分がいたこと、「本当は泣きたかった」「悲しかった、甘えたかった」といった、心の声があったことに、気づきました。そうして、

そんな自分を受けいれ、「もうがまんしなくていいよ」「泣いてもいいよ」と、泣かせてあげられたとき、私はわが子の泣き声も、やっと受けいれられるようになりました。

だから、ゆりさんもどうか、自分の心の声に耳をすましてみてください。もしも「泣きたい自分」がいたなら、もうそれ以上がんばらないで、そのまま受けいれ、安心できる場所で、泣かせてあげましょう。子どもに怒りを感じてしまう気持ちの根っこには、きっと、わかってほしい「つらさ」や「さみしさ」があるはずです。

夫や家族、友だちに、そんな自分の素直な気持ちを聞いてもらったり、ママ友とおしゃべりできる場や、子育て支援の保育つき講座などにも、どんどん出かけてみましょう。同じような悩みをもっているママたちに、きっと出会えますよ。

そうこうしているうちに、赤ちゃんも、月齢とともに笑顔がふえたり表情も豊かになって、だんだん人間らしくなっていきます。大丈夫。今、子どもをかわいく思えないと悩んでいるゆりさんは、もう十分やさしいママだと思います。

ママになってまだ3ヵ月。かわいいと思えなくても、ぜんぜん大丈夫。赤ちゃんといっしょに、ママもゆっくり育っていきましょう。

Q 長女の赤ちゃん返りに困っています

上の子と2歳違いで妹が生まれ、長女はお姉ちゃんになりました。お産のために私が入院しているときは、夫の実家でとてもいい子にしていたそうなのですが、赤ちゃんをつれて自宅に戻ってから、以前よりも私に甘えてくるというか、まとわりついてきて困っています。

次女を抱っこして母乳を与えるだけでもいやがり、最近はとてもショックなことに、私がいないとき、次女をこっそりつねったりもしているようです（突然、赤ちゃんが泣き叫びます）。

これがよく聞く赤ちゃん返りなのかと思いますが、この状態はずっと続くのでしょうか。どうしたらよいのか困っています。

（かなえさん・34歳／2歳の女の子と5ヵ月の女の子のママ）

A

まずは上の子の気持ちを受けとめて

お姉ちゃんの「赤ちゃん返り」ですね。今まで、両親や祖父母の愛情を一身に受けてきた第1子にとって、第2子の誕生は突然のライバル出現。自分への愛情が奪われる不安から、赤ちゃんのように甘えたり、反抗したりして、自分に関心を向けさせようとする「注目要求行動」が、赤ちゃん返りです。

でも心配はいりません。赤ちゃん返りはどんな子にも起こりうる、正常な反応です。大人だって、たとえば、自分の大好きな人に新しい恋人ができて、目の前でイチャイチャされたら、嫉妬するでしょう(笑)。

幼い子にとってお母さんは、唯一無二の恋人同然。どんな手を使ってでも愛情を取りもどそうと必死なのです。そんな上の子の「さみしい」「悲しい」「不安」な気持ちを、まずは理解して、受けとめてあげてほしいと思います。

「お姉ちゃんのくせにダメでしょ」「お姉ちゃんなんだからがまんしなさい」と怒るのは、逆効果です。親が困る行為をしたときに注目すれば、子どもはますますその行為をくり返し、親の関心をひこうとします。むしろ好ましい行為をしてくれたときに、「やさしいお姉ちゃんでよかった、うれしいな」「助かるわ、ありがとう」と、肯定的に注目して、今まで以上にほめてあげるようにしましょう。

ふたりきりになれる時間をつくる

とはいえ、お母さんとしては、やはり赤ちゃんの世話に手がかかり、余裕がなくなるのもしかたありませんね。下の子が寝ついたあとなど、時間ができたときに「さっきはごめんね。赤ちゃんにおっぱいあげてて、○○ちゃんと遊べなかったね」「待っててくれてありがとう」と、ぎゅうっと抱きしめたり、「大好きよ」とスキンシップしてあげてください。一日のなかで短い時間でも、自分は愛されている、大切にされていると実感できることで、上の子も安定してきます。

また、できる範囲でいいので、上の子とふたりきりになれる時間をつくるようにしてください。パパや祖父母などに協力してもらい、上のお子さんと出かけたり、ふたりでお風呂に入ったり、上の子がママを独占できる機会をつくってあげましょう。

ママひとりで「上の子も下の子も、私がふたり分、愛さなくちゃ」とがんばらないで。お母さんだって不完全であたりまえ。完ぺきをめざさず、赤ちゃんの世話もできるだけまわりにゆだねて、家事も手ぬきでOK。遠慮なく助けを求めましょう。

ママの心の安定が、子どもの安心感にもつながります。子育て中は、子ども優先の生活になりがちですが、ママも自分を大切な存在だと実感できること、そうして心にゆとりをもって過ごせることが、何より大事です。

赤ちゃん返りもずっとは続きません。自分への愛情を確認できれば、上の子もしだいに落ちついて、下の子を受けいれられるようになっていきます。

かなえさん、こんなに嫉妬されるほど愛されてるなんて、幸せですね。でも、このモテ期もあとしばらくがピークです(笑)。いつかママより好きな人ができちゃう前に、今のうちにうんとイチャイチャしておいてくださいね！

Q 子どもに手をあげてしまいます…

上の子がいうことを聞かなかったり、食べ物をこぼしたりすると、カーッとなって、つい大きな声でどなったり、手をあげたりしてしまいます。いつまでもダダをこねられると「子どもなんていなければよかった」と思ってしまう瞬間もあります。

もちろん自分の子どもはかわいいと思うのですが、頭に血がのぼってしまうと手が出てしまい、あとで後悔することも少なくありません。

最近、子どもへの虐待事件のニュースを見るたびに、私もいつか、もっと激しい虐待にいたってしまいそうで怖いです。こんなことは誰にも相談できません。どうしたらよいでしょうか。

（ひろみさん・29歳／2歳の男の子と7ヵ月の男の子のママ）

A

なぜわが子にだけ手をあげるのか

2歳というと、ヤダヤダが始まる反抗期でもありますね。反抗する子に、ついカッとなって手をあげてしまう。そのあと自分を責めて、もう二度とたたくまい、そう心に誓うのだけれど、またやってしまう…。そんなママは、ひろみさんだけではありません。

私も、子どもに手をあげてしまったことがあります。

私の子育て講座にやってくるママたちのほとんどが、同じ体験をしています。2歳以上の子をもつお母さんたちに「今まで一度もわが子に手をあげたことのない人は？」とたずねると、まずほとんどいません。けれど「では、わが子以外の子に手をあげたことのある人は？」と聞くと、いません。つまり、わが子はたたくけど、同じことをしてもよその子はたたかない。なぜでしょう？　それが本当に愛情からのしつけで、その子のためになるよいことならば、わが子以外の誰にしてもよいはずです。

なぜわが子にだけ手をあげるのでしょう？

親のほうが、子どもに甘えているのです。たたくのはやはり「暴力」であり、よいことではないと、本当はわかっているはずです。でもわが子なら、許されると思っている。実際、どなられても、たたかれても、幼い子どもはそれでもいちずに親を求め、懸命に愛そうとしてくれます…。

でも、たとえどんな理由があっても、暴力は暴力でしかありません。親は、そんな子どもの愛と許しに甘えつづけていては、いけません。暴力は相手を傷つけ、自分も傷つき、自尊感情を奪います。今ここから、自分を変えると決めましょう。

心の奥のつらい気持ちを受けとめましょう

まず、親も不完全であることを認めて、子どもに謝り、許しを乞《こ》いましょう。「たたいてしまってごめんなさい。お母さんがイライラしていたの」と、暴力をふるったのは自分の感情の問題であり、子どもの責任ではないことを伝えましょう。

そして過ちを認め、反省はしても、自分を責めないこと。自分を責めていじめていると、心がつらくなって、またイライラして同じことをくり返してしまいます。暴力は、怒りの感情の爆発です。大事なのは、その怒り(イライラ)の根っこにある、最も素直な一次感情＝自分の本当の気持ちを、きちんと受けとめ、理解してあげることです。

子どもをたたいてしまったとき、ひろみさんの心の奥にどんな感情があったのでしょう？「私だってこんなにがんばっているじゃない」「どうしてわかってくれないの！」

そんな怒りがあったなら、さらに、誰に何を、いちばんいいたいのか？心の声に耳を傾けてみます。「もっと私を認めてほしい」「ちゃんと話を聞いてほしい」…。本当は子どもに対してではなく、夫や親にいいたいこと、周囲や社会への不満や要求があるかもしれません。怒りの感情の根っこには、必ずそんな、わかってほしい「つらい気持ち」がかくれています。怒りの爆発を防ぎ、暴力を絶つためには、その「つらい気持ち」を受けとめ、解放してあげることが必要です。

ひろみさん、誰にも相談できないとのことですが、夫には悩みを伝えていますか。同じ悩みを分かちあえるママ友はいますか。地域の子育て相談窓口や電話相談でもかまいません。自分ひとりで抱えこまず、今すぐ助けを求めましょう。

ひろみさん、けっしてあなたは独りぼっちではありません。勇気を出して自分を開けば、きっと、つながりあえる仲間がいますよ。

Lesson 1
自分のからだにありがとう

＊呼吸を観察してみよう

アーナーパーナ・サティ（呼吸への気づき）は、25世紀も前に、お釈迦さま（ブッダ）が説かれた呼吸を観察する瞑想です。イライラした心も落ちついてきます。ぜひ試してみてください。

1 上体はまっすぐに。背すじをのばして座る。あぐらでも椅子に腰かけても、足は組んでも組まなくても、ラクな座り方でOK。

2 頭のてっぺんから足の先まで、全身をリラックスさせる。身体の力み、緊張をゆるめて、自然のままに。

3　目を閉じ、鼻先の呼吸を感じながら、鼻の下の息がふれる部分（鼻の穴の入り口〜上唇の上）に意識を向ける。入ってくる息、出ていく息のひとつひとつを感じとる。

4　今ここで起こっている自然な呼吸を観察しつづける。あえて、呼吸を大きくしたり、ゆっくりしたり、呼吸をコントロールしようとしない。ただ、あるがままを観察する。

5　雑念や思考はすべて脇におく。心がさまよっていることに気づいても、そのことで自分を責めたり落ちこんだりせず、平静に、また意識を呼吸に戻す。

＊からだの声を聞いてみよう

今度は、自分のからだをほめてみましょう。生まれてから今日まで、毎日働きつづけている手足や腰、目、耳、口、心臓や肺や肝臓、骨や血液、全身の細胞すべてに「今日もありがとう」「よく働いてくれてるね」と、愛と感謝の思いをかけてあげましょう。

1 頭を右に倒し、左の首すじをのばしながら、ゆーらゆーら。感覚を感じながら、自分の気持ちのいいように、からだをゆさぶる。

2 頭を左に倒し、右の首すじをのばしながら、ゆーらゆーら、同様に。

3　頭を前に倒し、後ろの首すじ、背骨、腰骨まで感じながら、ゆーらゆーら、同様に。

4　頭を後ろに倒し、口もぽかんと開けて、顔の力も抜く。そのまま頭をゆっくり回し、首すじをていねいにほぐしていく。

5 首すじの感覚や、今動かしているところに意識を向けながら、気持ちのいいように、自由に首を回していく。やりたいだけ、好きなだけ、自由に動かす。

6 動きをゆっくり止めて、首をもとの位置にまっすぐ戻し、からだの感覚や変化を感じとる。からだの自然な反応をあるがまま受けとめる。

7 自分のからだにプラスの言葉をかける。「おつかれさん」「えらかったね」「よくやってるね」「いつもありがとう」…自分を責めてしまうときは「許し」の言葉を。

第2章

私のこと

Q 産後太りでストレスがたまります

私は出産後からとてもおなかがすくようになりました。つねに満腹感がないので、どんどん食べていたらどんどん太っていき、そんな自分の姿にストレスがたまっています。

出産する前までは、おしゃれをすることが趣味でしたが、太ってしまった今はその気にもなれず、家にいることも多くなりました。

子どもにはまだ母乳をあげています。ダイエットをしなきゃと思いますが、なかなか続かず、どんどんストレスがたまります。

何かストレス発散になるようなアドバイスがありましたら、ぜひ教えてください。

（かずえさん・22歳／5ヵ月の女の子のママ）

A

産後太りの原因は？

産後太りについては、同じように悩んでいる方も多いことでしょう。産後、女性が太ってしまう原因は、いくつか考えられます。

①出産のときに骨盤にゆがみが生じた

②母乳をあげるために食欲が旺盛になる

③家事・育児に忙しくて外出できず、家にこもりがちになり、運動不足になる

④また、そのためにストレスがたまり、食べることで空虚感を満たそうとする

などなど。かずえさんの場合は、全部あてはまる？　かもしれませんね。

さて、そこで解消法について。

①〜③に関連しますが、骨盤などからだにゆがみが生じると、新陳代謝が下がり、気や血の流れも悪くなり、不定愁訴がたまり、その結果、太るということにもなります。なので代謝を高めるような適度な運動をするようにしましょう。

私も、ヨガやストレッチを長年続けてきましたが、今、個人的におすすめしているのは「自力整体」(公式サイト http://www.jirikiseitai.jp/)です。

ジョギングやエアロビのような激しい運動は、むしろからだに過度な負担がかかってしまうこともありますが、こちらはゆったりと、自分が気持ちいいように「からだの声」を聞きながら行う整体ですので、無理なくできると思います。また、からだの動きに一心に集中することで、心も落ちつき、心身ともにスッキリしますよ。よければぜひ試してみてくださいね。

あとはやはり「歩く」こと。赤ちゃんとベビーカーで散歩したり、ときには子どもをあずけて買い物したり、気分転換をかねて、なるべく外へ出て歩くようにしましょう。

自分に愛と関心を向けよう

そして、たぶんいちばんやっかいなのは④。育児のなかでどんどんたまるストレス、精神的な要因ですね。

からだに起こっていることは、すべて、心に起こっていることの反映です。無意識についつい過食に走ってしまうのも、本当はからだではなく、脳が欲しがっている、つまりおなかがすいているのではなく、満たされない「心の飢え」が起こしている問題かもしれません。人は心のさみしさ・むなしさを、食べることで満たそうともします。

ズバリ聞きますが…ダンナさんは育児に協力的ですか？　かずえさんの育児の悩みや不安をわかってくれていますか。はじめての子育てでストレスがたまるのは当然です。心のモヤモヤを、夫や家族、友だちに、電話やメールでもいいので聞いてもらって、心のデトックスをしましょう。また、おしゃれする気にならないのも、自分への「関心」が少なくなり、はりあいや生きがいが感じられなくなっているのかもしれません。

愛の反対は、無関心。かずえさん自身、赤ちゃん優先の毎日のなかで、「私」を無視してなおざりにしていませんか。まず何より、自分自身が自分に「愛＝関心」を向けてあげましょう。

かずえさんの心は、かずえさん自身が満たしてあげられます。たまには自分のためにおしゃれして、外へ出かけて、好きなことをしましょう。自分のからだや心が喜ぶこと、イキイキすることを、遠慮なく自分にプレゼントしてあげてください。

Q 自分に自信がもてません

息子は生後3週間のころ、肺炎と気管支炎にかかり入院しました。その後も発達が遅く、定期的に通院しています。病院では「発達障害も考えて、でもあせらずゆっくり見ていきましょう」といわれました。私も気にせずやっていけばいいのですが、ついクヨクヨと気にやんでしまいます。

実は私の両親は仲が悪く、さみしい思いをしてきたせいか、私は自分に自信がなく、小さなことでもすぐ落ちこんでしまいます。主人や義父母には大切にしてもらっていますが、自分のこれまでの人生が立派なものではなかったので、積極的に人に近づくことができず、ママ友もいません。

昔のことは忘れ、気持ちを切りかえて、元気な息子に育てたいのですが、どうしたらよいでしょうか。

（けいこさん・32歳／1歳の男の子のママ）

A

たりないものを嘆くよりも

けいこさん、まずは今日まで本当にご苦労さまでした。

お手紙には「ほかのママたちにくらべて何かすごく自分だけいつも大変な気がしてなりません。ママはみんな、それぞれ大変なのはわかっているのですが、自分のこととなると弱くなってしまいます」ともありました。

けいこさんは賢い方で、自分のことをよーく見つめ、すべて頭では理解されているのだと思います。でもわかっちゃいるが、変えられない。それも人間だからあたりまえ。まずはクヨクヨしてしまう否定的な自分も、否定せず、「大変だったね」「落ちこむときもあるよね」と、受けとめてあげてください。

お子さんの発達状況については、病院の先生がおっしゃるとおり「あせらずゆっくり」と見守りながら、まず、たりないところを見て嘆くより、今ある「いいとこ探し」をするようにしましょう。この世界には、哀しいことですが、生後まもなく天に召される赤ちゃんもいます。けいこさんの坊やは大病にもかかわらず懸命に生きのびてくれたこと、今とにかく元気に笑っていること、食べられること、動けること…など、幸いなこと、ありがたいことがたくさんあるでしょう。たとえば「やせていた子が今は太りすぎ」と心配されていますが、栄養が十分とれていてよかったね、とマイナス面よりプラス面を見て喜んであげましょう。

そして何より、そんな坊やを今日まで生かし、大切に守り育ててきた自分自身をほめながら、今ここにある「幸せ」を数えて生きましょう。

自分を幸せにできるのは自分です

自分の自信のなさは、両親の不仲や、さみしかった「子ども時代の原体験」からきていると、けいこさんは分析されています。自分の過去を冷静に観察する力もおもちです。でも過去を見つめなおすのは、今の自分をより幸せにするためです。過去のマイナス探しにとらわれて、現在までマイナスのエネルギーに支配され、今の自分を否定するのはもうやめましょう。

「私は、(過去)～だったから、今～できない」と、自分を規定していると、いつまでもその呪縛から解放されません。過去は過去として受けとめ、「だからこそ今、私はこうありたい、これからこうなる」と、肯定的な自分の姿や願いをイメージして言葉にするようにしましょう。すんでしまった過去の出来事は変えられませんが、「今ここ」で何を選ぶかで、未来は変わります。

夫や義父母とも仲がよく、大切にされているとのこと、よかったですね。そうしたご縁に恵まれたのも、つらい過去を乗りこえてきたけいこさんだからこそたどりつけた、人生の恵みであり福徳かもしれません。

でもたとえ何が起ころうと、自分を本当に幸せにできるのは、親でも夫でも誰でもなく、自分自身です。自分がまず自分を受けいれ、愛してあげなければ、せっかく今ある幸福も希望の種も育ちません。誰より自分をよくわかっているけいこさん自身が、自分を抱きしめ、今日まで生きてきた自分を「よくやってきたね」と、讃《たた》え、「生まれてきてくれてありがとう」といつくしんであげましょう。

そのことを教えに、坊やもけいこさんのもとへやってきてくれたのかもしれません。わが子の笑顔と幸せを願うなら、まずママが自分を愛して笑っていてくださいね。

Q 3度目の出産で産後うつに

8年ぶり3度目の出産で初めての男の子。息子は元気でかわいいのに、私はからだがつらく起きることもできなくなり、産後うつと診断されました。

半年過ぎた今も私と息子は実家で両親の世話になり、上の娘たちは同居している姑《しゅうとめ》にみてもらっています。周囲には「何も考えずゆっくり休むように」といわれますが、泣いている子を抱っこもできず、上の娘たちにもさみしい思いをさせ、自分には母としての存在価値がないと罪悪感にさいなまれます。

もともと私は自分が好きではなく、小さいころから母にほめてもらったおぼえはありません。勉強も部活も仕事も、一生懸命、がんばってきました。なのに今、がんばることができません。どうすれば、自分のことを好きになり、「がんばれない自分」を受けいれることができるのでしょうか。

（あかねさん・36歳／10歳の女の子と8歳の女の子と7ヵ月の男の子のママ）

A
「好きになれない自分」も許してあげて

あかねさん、おたよりありがとうございました。誌面上要約しましたが、便せん18枚にわたる長いお手紙を拝読し、その深い観察力、文章力にも感心いたしました。そんなあかねさんが「何も考えずに」といわれても「考えないではいられない」というのも、よくわかります。私も同じ立場であったら、やはり自分を責めてしまうだろうと思います。

今、心がパンパンになって疲れているあかねさんにとって「自分を好きにならなくちゃ」と、プラス思考を強いることは、それもまた「無理」な「がんばり」になるでしょう。

極端にいえば「自分を好きにならねば」と思わなくてもいい。今はどうしても「好きになれない自分」がいるのであれば、それもありのままに認めて、「受けいれられない自分」も、今はしかたない、受けいれられないんだ、と、許してあげてほしいのです。

つまり、自己否定している自分をも、否定しないこと。それがまた、「自分を肯定すること」になります。ほかの何かになろうとするのではなく、今そのままのあかねさんで生きていてくださること。それでもう十分、肯定的なことです。

生きてるだけで百点満点

たとえ今、あかねさんがどんな状態でも、がんばれなくても起きあがれなくても、今ここに「生きている」ということ。それがどれだけ尊く価値あることか。お母さんはまず「生きてるだけで百点満点」です。病に苦しみ、心もからだもつらいなか、それでも今、わが子をこれほど思い、切ないまでに愛しているあかねさんは、まじめすぎるほど、よいお母さんだと思います。

でも、「よいお母さん」でなくていいんです。3人のお子さんにとって、「お母さん」と呼べる唯一無二の存在として、今この世に生きてくださっていること。そんなあかねさんは、まぎれもなく、この世界にたったひとりのかけがえのない存在です。今そのままで「オンリー1」の価値ある存在なのです。

私は12歳のときに、父を亡くしました。父は腎臓病から働けなくなり、その後、うつ病になり、自ら命を絶ちました。子どもだった私は、父が抱えていた苦しみを理解できていませんでした。父として夫として、妻子を守り養えない自分を責めていたかもしれません。でも、かけがえのない父をなくした私の願いは、ただひとつ。働けなくてもいい、弱いままでもいい、お父さんに生きていてほしかった。この世に生きててくれるだけでよかった。私は、この世にただひとりの「お父さん」と呼べる人を失いました。

今、わが子のためにも「がんばれない自分」を受けいれ、生きていこうとしているあかねさんの、ひたむきな姿と愛情は、必ず子どもたちにも伝わると思います。不完全なまま、弱いままでいいから、生きていてください。きっと子どもたちは、自分や他者の「弱さ」を認められる、「真の強さ」をもったやさしい人に育つでしょう。そうやってあかねさんは、お子さんたちの心の成長を促し、はぐくんでもいるのです。

私が自己尊重トレーニングのときに唱えるセルフ・アファメーション（自己肯定の確言）を、あかねさんへ贈ります。

「誰がなんといおうと、私は価値ある存在です。私は私で大丈夫。今この自分で大丈夫」

大丈夫と思えないあかねさんでも、大丈夫。生きててくれれば、大丈夫です。

Q 毎日に楽しみを見いだせません

もともと小さい子どもが苦手だった私ですが、「わが子はかわいい」と思えることにホッとしています。

けれど、みなさんは育児を大変ながらも楽しんでいるようですが、私は日々の生活に楽しみを見いだせません。バリバリ働いていた独身時代を思い出したり、娘が早く寝てくれることばかり考えています。

結婚して知らない土地に来たので友だちも近くにいなくて、ママ友とあたりさわりのない話をたまにする生活。夕ごはんや洗濯もののことを考えるだけの日常では、心が満たされません。このまま子育てを楽しく思えない状態で、ずっと過ごすのかと思うと、とても気が重いです。どうすればよいのでしょうか。

（しょうこさん・37歳／8ヵ月の女の子のママ）

A

「新しい世界」と出会うチャンスと考えて

そうですね。生まれてきたわが子はいとおしい、でも家事・育児だけで過ぎていく毎日はむなしく、充実感が感じられない…。まさに私も、子どもに「早く寝てくれ、早く大きくなってくれ～」と、毎日思っていました。

昔と違って、日本の現代女性のほとんどが、男女平等の理念のもとに育ち、一度は職につき、社会で働く経験をしています。それまでの職場や社会との接点を失い、家庭と地域だけの生活に生きがいが感じられなくなったりしても当然です。

でも子育ては、これまで知らなかった「新しい世界」との接点でもあります。仕事では得られない発見や体験、職場とはまた違った出会いや人間関係をつくっていけるチャンスでもありますよ。

今、しょうこさんが感じているような不満や悩みも「わかるわかる」と共感しあえる友だちがいると、それだけでも励まされ、気持ちが楽になると思います。「あたりさわりのない話」ではなく、本音で話ができる仲間を、自分から積極的に求めて行動してみてはいかがでしょう。地域の公民館や子育て支援事業などでやっている講座や集まりに参加してみるのもいいし、今はインターネットを通じても、いろんな情報にアクセスできると思います。

子育てだけを生きがいにしない

また一方で、子育ては人生の有意義なオプションのひとつですが、「子育てだけを生きがいにしない私の人生」も、大切に考えていてほしいと思います。

バリバリ働いていた独身時代。そのころ、しょうこさんが思い描いていた夢や希望は何でしたか？

今は育児に追われる毎日でも、子どもはやがて成長し、手が離れていきます。今の子育て生活が、永遠に続くわけではありません。赤ちゃんとの暮らしも、家族との時間も「期間限定」です。だからこそ「今ここ」のわが子との蜜月を楽しみながら、でも、その先も一生続く自分の人生を、「私」らしく生きるための夢や目標を忘れずに思い描いていてほしいですね。

目標があると「今」が充実してきます。自分のライフプランを考えて、たとえば、今は子育てに専念する時期、でも2年後には働きたい、そのために来年から準備を始めよう、と目標を設定することで、今の選択に納得ができて意欲もわいてきます。

子育てをやらされている、という受け身な考え方ではなく、今、私はこれを選んでいるんだととらえ、お母さんにも子どもにも「自分の人生は自分で決める」権利（自己決定権）があることを、忘れないでいてください。

「楽しみ」は与えられるものではなく、自分で創りだすもの。今の日常に喜びを見いだせないなら、待っていないで、行動を起こしましょう。

結局、私は息子が満1歳になるのを待てなくて、生後8ヵ月で保育園にあずけて仕事を再開しました。その子もすでに20歳を過ぎた今となっては、早く寝てくれ～と毎日思っていたあのころがなつかしく、恋しくてなりません(笑)。

渦中にいるときは、なかなかそうは思えないんですが…。でもホント、追いかけられるのも抱きつかれるのも今のうち。かわいい赤ちゃん時代は、あっ！　というまです。

Lesson 2

探そう！ 私のいいところ

＊あたりまえと思っていることをほめる

毎日の家事や育児のあれこれも、あたりまえのことではありません。自分や家族、まわりのいのちを生かし、愛を生みだしている尊い働きです。

今日は
お布団を干して
オープンカフェで
ティータイムも
たのしみました。
わたしって
すてき♡
パチパチ

もっと探してみよう！

「子どもが寝つくまで絵本を読んであげた。 私ってやさしいお母さん♪」「私のからだ、今日も1日働いてくれてありがとう」

＊完ぺきをめざさず、不完全をほめる

「がんばらなくちゃダメ」ではなく、あえて、「がんばらなくてもOK」な私をほめましょう。弱い自分を表せたことや、できなかった自分を受けいれ、認めることも大切なことなのです。

もっと探してみよう！

「友だちに弱音を吐けた。いっぱい泣けて、素直になれてよかったね」
「かぜをひいて今日は休息、自分にやさしくできてよかった」

＊結果ではなくプロセスをほめる

やってみようとトライしたことやプロセスが大事で、結果だけが重要というわけではありません。失敗したことのなかには、実はたくさんの気づきや"成功のもと"がひそんでいるのです。

もっと探してみよう！

「子どもをどなってしまったけど、本当はやさしくておだやかなお母さんになりたいと思っている。今、そう思っていることがすばらしいね」

第3章

夫・パートナーのこと

Q 夫への愛情が出産と同時にゼロに

第1子の出産後、会陰《えいん》切開の傷が痛み、骨盤もずれてしまって歩けなくなってしまい、産後の3ヵ月間は寝たきりの状態となった私。そんなときに夫は私の痛みをわかろうともせず、「痛い痛いというな！」と冷たい言葉をあびせたのです。それ以来、夫への愛情はまったくなくなりました。

今では、夫が仕事が休みで一日じゅう家にいる週末が、私にとって最大のストレスとなりました。でも子どもは好きなので、その後、第2子を帝王切開で出産しました。第3子も欲しいと思っています。

夫に関しては、嫌いな部分ばかりが目につき、再び好きになれそうにもありません。どうしたらよいでしょうか。

（みなこさん・33歳／5歳の男の子と1歳3ヵ月の女の子のママ）

A 黙っていては伝わりません

出産・子育てを通して、その苦労を分かちあえない夫に失望していく…、たしかにありますね。もちろん、お産の陣痛をはじめ、肉体的な痛みや苦しみは、夫も共有できず、同じように感じられないのはしかたないことです。でもだからこそ、せめてその気持ちを想像し、精神的な面では支えてほしい、とパートナーに求めたくなりますよね。けれど、黙っていては相手に伝わりません。みなこさんは、自分の気持ちを、落ちついて夫に伝えてみたことはありますか？　「痛いというな！」といわれて、自分がどう感じたか。「腹が立った」のか「悲しかった」のか、まず、自分自身の感情を言葉にして表してみましょう。

また、そのときに、「あなたはひどい！」「あなたはいつも〜だ！」といった、相手を一方的に断定する攻撃的な〝YOU（あなた）メッセージ〟ではなく、「私はつらかった」「私は〜をわかってほしかった」と、「私」を主語にした〝I（私）メッセージ〟で、伝えるようにしましょう。そうすると、相手の立場も尊重しながら、自分の立場や気持ちを

主張的（アサーティブ）に伝えることができます。（※P64　レッスン3「自己表現してみよう①」をご参照ください）

でもそのためにも、結局、自分自身が、今どう感じているのか、どうしたいのか、何を望んでいるのか、その真意をまず明確にすることが必要です。

自分はどうしたい？ 正直に相手と向きあって

お手紙には、夫に対して「再び好きになれそうにもありません」と、ありました。でも「愛情がまったくない」といいながら、その夫とその後もセックスして、第2子を出産し、さらに「第3子も欲しい」とのこと…。ハッキリいって、そこまで嫌いな相手となぜセックスできるのか、私には不可解です。みなこさんは、夫とのセックスが苦痛ではありませんか？　そうであれば、まずそのことを夫に伝えていますか？　もしも、そこで「ノー」がいえない・拒否できない関係で強要されているのだとしたら、それはDV（ドメスティック・バイオレンス）です。きっぱりと交渉を絶ち、避難し、助けを求めましょう。

でも、それほど深刻なものではなく、結局、自分の意志で夫婦生活を続け、やっぱり第3子も欲しいというのなら、子どもをつくるより前に、まず夫との関係を改善しようとは思いませんか？

コミュニケーションは〝関係の修復〟です。「話してもムダ」と修復をあきらめ、愛のないセックスと、コミュニケーションのない夫婦生活を続け、体裁だけは保ち、わりきって生きるのも、個人の自由です。でも、そのあいだに生まれ育つ子どもは、どうでしょう。子どもたちは、日々、いちばん身近な大人・親の姿、家族の姿から、今後の人生の土台となる人間関係のありようを学習しています。

なにも、つねに清く正しい夫婦、両親でなくてもいいのです。たとえ子どもの前でケンカしても、その後、お互いが歩みより、仲直りしている姿を見れば、人との関係は修復できるのだと、子どもは学ぶでしょう。

夫にも問題があるでしょうが、まずみなこさん自身が、どんな人間関係を人生に望むのか、自分はどんなふうに生きていきたいのか、それを見つめ、夫に伝えていくことが大切でしょう。相手を変えようとするより、自分が変わること。ケンカもセックスも、最も赤裸々なコミュニケーションです。自分に正直に、相手と向きあってみてくださいね。

Q 気のきかない夫にイライラします

育児休暇が明け、現在はフルタイムで働いています。夫は「食器洗い」とか「洗濯ものの取りこみ」など、具体的に頼めばやってくれますが、私の帰りが遅くなったときなどに、気をまわしてやっておいてくれることはありません。遅く帰っても私がやるしかなく、イライラしてつい夫にきついことをいってしまい、ケンカになります。

そろそろ2人目を、と思いつつ、子どもの世話や親戚づきあいなども全部、私の肩にのっている今の状況では無理だと思ったり、ときにはそのことを考えすぎて、別れたいと思うこともあります。

いつもはとてもやさしい夫で、ぜいたくな悩みだと思うのですが、どうしたらよいのでしょうか。

（なつきさん・32歳／1歳4ヵ月の女の子のママ）

A

やってくれるのならうまく頼みましょう

仕事から帰ってバタバタと家事・育児に追われている妻のそばで、のんびり寝っころがって新聞を読んでる夫…。目に浮かぶようですね(笑)。

やさしいけれど気がまわらない。おそらく、よくも悪くも「マイペース」な夫の、その気質自体は変えられません。まず「いわなくてもわかるでしょう」という期待は捨てて「いわなくてはわからない」ということを、肝にめいじましょう。

幸い、なつきさんの夫は「具体的に頼めばやってくれる」とのこと。上等です！　大切なのはどのように頼むか、伝え方ですね。ポイントをあげてみましょう。

① 紙に書いて依頼する

口でいっていると、つい感情的になって「なんでわからないの！」と口論になってしまいがちです。たとえば夕食後、汚れた食器が食卓に置きっぱなしになっている。そこで、「またーっ！」とカッとどならず、大きめのふせん紙でも広告の裏でもいいので「食器を洗って、食器棚にかたづけてください。どうもありがとう」と書いて、現場（食卓）

に置いておきます。

あとは、それが遂行されるまで待つ。寛容と忍耐が必要です。たとえ朝までそのままでも、完ぺきにできていなくても、ここで自分が手を出してやってしまわないこと。これは子どもに対しても同じです。結局、自分がやらなくても誰かがかわりにやってくれるという結果になると、いつまでも学習しないし自立できません。

ちなみに「～しなさい」より「～してください」、そしてまだそれが実行されていなくても、最後に「ありがとう」「助かります」など感謝の言葉をそえましょう。相手も一方的に命令されるのではなく、信頼され感謝されていると思うと、やる気も高まります。

ほめて育てて すてきな育《イク》メンに！

②要望を具体的にI(私)メッセージで

「どうして(あなたは)やってくれないの！」「(あなたは)気がきかない人ね」といったYOU(あなた)メッセージは、攻撃的に相手を非難することになり、ケンカの種になるだけです。ただ「気がきかない」と非難するのではなく、どんな気をきかせてほしいのか、なつきさんの要望を具体的に示しましょう。

たとえば「私は洗濯をするから、あなたも疲れているところすまないけど、子どもをお風呂に入れて寝かしつけてほしい」など、依頼内容を明確にし、相手の立場も尊重しつつ「私は〜してほしい」「私は〜したい」と、I（私）メッセージで伝えましょう。もちろんそのときも「ありがとう」の言葉を忘れずに。

多くの場合、日本の男性は「男だから」のジェンダーバイアスのなかで育ち、母親や周囲の女性に世話をやかれ、家事や育児についても、学習する機会を奪われてもきました。気がつかないのも、誰かがいつも先まわりして肩がわりしてきた結果かもしれません。

男性だって、子育てを通して学び直し、成長することができます。子育てしながら「夫育て」していくつもりでドンとかまえましょう。また、自分とは違う気質や長所があるからこそ「気がきかない」けれど「大らかな」夫とひかれあい、夫婦になったのでは？

いやなところばかりを見つめて「考えすぎて」いると、好きだったところも見えなくなってしまいますよ。いいところをほめて育てて、すてきなイクメンになりますように！

Q なにもかも夫に否定されます

毎日3人の子の育児と家事に追われ、自分を健全に保つ努力ができず、つい子どもにあたってしまうことに苦しんでいます。

睡眠不足でイライラし、子どもたちを否定するような汚い強い言葉を発し、手をあげてしまうこともしばしばです。

夫は仕事に忙しく、家事や育児には非協力的で、さらに一時保育やサポートの利用、食器洗い機や車の購入にも反対します。また、夫も義理の両親も、私がひとりっ子であることを非常に嫌い、「おまえはひとりっ子で甘やかされて育てられたから世間知らずで困る」などといいます。

これればかりは私が努力してもどうしようもなく、毎日毎日すべて否定され、何をやってもダメなんだ…と消えてしまいたくなります。


（あさこさん・32歳／5歳の女の子と3歳の男の子と8ヵ月の男の子のママ）

A

孤立無援のなかで十分努力されていますね

あさこさん、よく耐えていらっしゃいますね。つらかったことでしょう。長いおたよりには〝努力〟という言葉が何度も出てきましたが、もう十分努力されていると、私は思います。

世の中には、日本人の好きな〝努力〟と〝ガンバリズム〟の精神論だけでは、どうにもできない現実がたくさんあります。育児や家事の苦労を、孤立無援のなか一身に背負い、精神力だけで乗りこえようとすることには、無理も限界もあって当然です。

一時保育の利用や食器洗い機の購入なども、今のあさこさんの負担を「物理的に軽減」するために、有効で賢明な判断だと思います。でもそれさえ認めず、「世の中には、2人3人子どもを産んでもちゃんと育てている人たちがたくさんいる」といって責める、という夫のほうが、よっぽど「世間知らずで困る」と、思っちゃいます。

ちなみに私もひとりっ子ですが、そのせいで「世間知らず」になったとは思っていません(笑)。

いちばん守りたいものをはっきりさせましょう

本音をいえば、「こんなケチでわからんちんの夫なんてさっさと別れちゃえ！」といいたいところですが、幼い3人の子を抱えるあさこさんとしては、そうもいかないのでしょうか。

でもこのままでは状況は改善せず、すでにその無理がストレスとなり、子どもたちへの「暴力」という深刻な問題となって生じています。ここはひとつ、あさこさんにとっていちばん守りたいもの、大事にすべきものを、はっきりさせましょう。

自分の尊厳を守れない人には、わが子の尊厳も守ることができません。あさこさんは、毎日自分を否定され、認めてもらえず、今、自尊感情が奪われている状態にあると思います。子どもを大事に思うなら、まずはあさこさんが自分を守り、自分をもっと大事に尊重してあげることが必要です。

そのためには、夫や義理の両親の暴言や非難に対しても、ただ甘んじているだけでなく、いやだ、やめてほしい、とNOを表明し、きちんと境界線を引くべきです。もしも、今は抗議したり反論してもよけい攻撃される、危険だと感じるなら、せめて否定的な評価や批判はまともに取らないでさらりとかわし、言葉どおりに受けとめないこと。そして、自分が主張すべきことは主張し、状況を改善するための要求は、毅然と続けていきましょう。

これは「いじめ」の関係と同じです。不当な扱いに甘んじていると、相手は際限なく攻撃してきます。でも、戦えないときは、逃げてもいいのです。どうしてもわからない相手には、ときには抗議の表現として、家を出る、実家に戻るなど、強硬手段に出ることも必要かもしれません。そして、あらためて、何が本当に自分と子どもの幸福か、じっくり見つめなおしてみてください。

甘えているのは夫のほうだと私は思います。いじめの加害者自身が、何より自尊感情が低く、自分を肯定できないつらさを、より弱い立場のものにぶつけます。「健全」な家族になるために、夫も努力し、変わるチャンスが必要でしょう。

自分のためは、相手のため。これからのあさこさんの「努力」は、どうか自分の尊厳を守るための勇気に向けてくださいね。

Lesson 3

自己表現《アサーション・トレーニング》してみよう①

＊感情表現 3つのパターン

攻撃的・非主張的・主張的。でも、常に「このタイプ」と固定化しているわけではありません。相手やときと場合により変化します。夫には攻撃的、だけど姑には非主張的…といったように。

攻撃的（アグレッシブ）

相手のいい分には耳を貸さず、「あなたは〜だ」とYOUメッセージで相手を非難し、怒りをぶつける。
例：「あなたはいつも、私の話を聞いてないわよね！」

非主張的（ノン・アサーティブ）

いいたいことをいわずに気持ちをおさえこむ。相手を大事にしているようで、実は自分を大事にできない。

例：「いいの…別に…。どうせ私の話なんか、聞きたくないわよね…」

主張的(アサーティブ)

自分も相手も大事にしながら、素直な自分の気持ちを「私は〜」を主語にしたI《アイ》メッセージで率直に伝える。
例:「私、あなたに聞いてほしいことがあるの。いま時間ある?」

＊3つのパターンの特徴

攻撃的（アグレッシブ）
自分の権利を優先。相手の権利は尊重しない。

YOUメッセージで相手を非難する。断定的に決めつける。
相手のいい分には耳を貸さず、一方的に感情をぶつける。
指をさしたり、机をたたいたり。威圧的、暴力的。
例：「あなたは〜なんだから、〜するのが当然でしょ！」

非主張的（ノン・アサーティブ）
自分の権利より相手の権利を優先する。

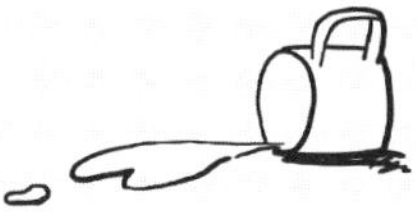

いいたいことをはっきり言葉にしない。
相手の顔色をうかがい、自分の欲求をおさえ、
主張をひっこめてしまう。
がまんがたまると、怒りや恨みになって爆発することも。
まわりくどい表現や皮肉な行為で不快感を示す場合もある。
例：「あ〜あ、誰もかたづけないからまたちらかってるわ〜」

主張的（アサーティブ）
自分の権利も相手の権利も尊重する。

「私は〜」を主語にしたI《アイ》メッセージで気持ちを伝える。
率直に自分の要望を伝え、必要に応じて、
交換条件や妥協案を出すこともできる。
不満や怒りをためこまず、納得できる方法で解決する。
例：「私は〜してほしいと思っていて、そのために〜ができるし、
　　協力したいと思っているんだけど、どうかしら？」

＊あなたのアサーティブ度は？

あなたの感情表現のパターンを点検してみましょう。普段、自分がどうしているかを考えて、直感的にあてはまるものをチェックしてみてください。数が多いほど、よりアサーティブに表現できているといえるでしょう。

1 □ 人に対してほめ言葉を伝えている
2 □ 自分の長所やプラスの面を人に伝えている
3 □ わからないことを質問する
4 □ 人と違った意見や気持ちをいう
5 □ まちがいを素直に認める
6 □ 自分の感情を他人のせいにしない
7 □ 話しあいの席で、自分の意見をいう
8 □ 助けが必要なとき、人に助けを求める
9 □ 人からほめられたとき、素直に受けとめる
10 □ 批判されたとき、おだやかに対応する
11 □ 長電話や長話を切りたいとき、提案する
12 □ パーティや招待を受けたり、断ったりする
13 □ 料理や洋服など、注文どおりのものが来なかったとき、そのことを伝えて交渉する
14 □ 行きたくない集まりへの参加を断る
15 □ 助けを求められて断りたいときに断る

第4章

親のこと

Q 実の親との関係に悩んでいます

私の両親と主人との折りあいがよくありません。私が仕事に復帰すると、両親に子どもの世話をお願いすることも多くなりますが、主人がどう思うか…。接点もふえるので、もめごとが多くなりそうで心配です。病気のとき以外は自分たちでがんばるつもりですが、どこまで頼らずにできるか、不安です。

両親はヤル気まんまんなのですが、がんばりすぎて空まわりし、疲れて私にあたることが少なくありません。2人目の産後の里帰りのときは最悪でした。

私のように実親との関係に悩む人は多いのでしょうか。また、その場合にはどう対応すればよいのでしょうか。

（きりこさん・36歳／2歳7ヵ月の男の子と1歳の男の子のママ）

A
「めんどうな肉親」より「近くの他人」

はりきってかわいい孫のめんどうをみようと思いつつ、慣れないことにふりまわされ、ドッと疲れてしまうバーバ、ジージ。ありそうな光景ですね（笑）。「私のように実親との関係に悩む人は多いのでしょうか」とのことですが、…はい、そのとおり。親から巣立って自立していたはずが、自分の子どもが生まれたことでよくも悪くも新たに関わりがふえ、子育てをめぐって価値観が対立することも、多々あります。

さて、そこでどのように対処していくか。端的にいえば、親の助けを借りることが、結局よけいストレスになってしまうぐらいなら、まずできるかぎりアテにしない、ということですね。

でも、なんでもかんでも〝自力〟で、自分と夫だけでがんばらなくちゃ、ということではなく、近所の人の助けや社会制度など、別の〝他力〟を求めていくこと。つまり「めんどうな肉親」よりは「近くの他人」の力を借りるのもひとつの方法です。

きりこさんのご両親が、孫を愛しているのも、子育てを助けてあげたいと思っているのも事実でしょう。実親であれば多少の無理もいえるし、他人と違って気安く頼めるかもしれません。

でも肉親であるだけに、お互い「甘え」や、遠慮のない「我《が》」も出ます。だからご両親も、ついグチや不満が出て、きりこさんにあたる、ということになるのでしょう。これが他人だったたり仕事であれば、文句もぐっとこらえ、礼儀も忍耐も必要になります。

まず、きりこさんが仕事に復帰されるなら、基本的には、保育園にあずけるのがいちばんです。延長保育や臨時保育、子育てサポートセンターなどの利用方法も調べて、社会的な制度を活用しましょう。さらに「お金で解決できること」であれば、多少の出費も覚悟してベビーシッターを頼むなどして解消していきましょう。親に頼めばお金はかかりませんが、ときに「タダほど高くつく」こともありますから。

そして何より大切なのは、地域のなかに、子どもを互いにあずけあったり助けあえる仲間をたくさんつくることです。保育園に入ったら、同じような核家族・共働きの親たちがいますから、すぐに〝同志〟になれますよ。

「ありがとう」の気持ちを忘れずに

人とのつながりが希薄になりがちな今の社会で、子育ては「助けて」がいいあえる他者との関係を築いていく絶好のチャンスでもあります。家族や肉親だけでなく、いろんな人の価値観にふれるなかで、子どもは多様性を学び、共感性もより豊かに育ちます。

そうした〝他力〟に助けられながら、でもイザというとき「本当に困ったときはよろしくね」と、ご両親と「適度な距離と礼節」をもってつきあうことが、お互いの平和のためによいかと思います。

でも、肉親でも他人でもいちばん大事なことは「ありがとう」の気持ちを伝えること。親になってはじめてわかる「親心」。子どもが生まれたことで、あらためて自分の親とも出会いなおし、気づくこと、理解できることもあるでしょう。

原家族から巣立ち、新しい家族を形成した今、自分たちの子育てや価値観を大切にしつつ「生んでくれてありがとう」の感謝の心をどうか忘れずに。

Q「孫が命」の義母とのつきあい方は？

夫の母は「孫が命」。世話をしないと気がすまないらしく、生後2ヵ月でアイスクリームを与え、はちみつをすすめ、あめや菓子も与えようとします。紙オムツは何度説明しても、前後逆につけてしまいます。赤ちゃんが激しく泣いても、泣きやませる自信があるのか、私のところにつれてきてくれません。むしろ私を排除しようとする動きもあります。

普段から会話が一方通行なのですが、孫がいるとさらにまわりが見えなくなります。夫に相談してもあまり親身になってもらえず「くだらん、どうでもいい」といわれます。

これから同居する予定なのですが、なるべくストレスにならないように子育てしていくには、どうしたらいいでしょうか。

（まさよさん・37歳／3ヵ月の男の子のママ）

A 「世代間ギャップ」を前提として

「嫁姑」問題は、なかなか難儀なテーマですよね。でも最近は、義母・実母を問わず、祖父母世代との「子育て観」の違いから、ストレスを抱くお母さんも多くなっています。

まず、昔と今の子育てには「世代間ギャップ」があるということを念頭におきましょう。

たとえば昔は赤ん坊が栄養不足にならないようにと、早い時期から卵や牛乳、お義母《かあ》さんがすすめる「はちみつ」なども与える傾向がありました。でも今は、アレルギーの問題などもあり、離乳食もそれぞれの状況をみながら与えるようになっています。

おそらくお義母さんも、孫にとってよい、正しいことだと思ってしているのでしょう。なのではじめから否定的にとらえず、お義母さんに「ありがとう。ただ最近ではね…」と説明し、オムツのつけ方なども、気長に覚えてもらうつもりで接しましょう。

また、昔は「抱き癖がつく」といわれていたため、泣いている子を抱っこしてはいけないと思っている祖父母もいますが、むしろお義母さんは自分から抱っこしたがり、それはそれで助かりますね(笑)。まかせてしまえば自分も手があいてラクちんです。

お義母さんが本当にまさよさんを「排除」しようとしているのか、私にはわかりませんが、まさよさん自身が「赤ちゃんを取られる」ようで不安になっていませんか？　はじめての子となると、ママも「私の子よ！　奪われたくない」と、肩に力が入っているかもしれません。でも結局、ジジババより誰より、最終的に子どもはママがいちばん好きですから。安心して、自信をもって、ドンとかまえていてくださいね。

無理はせず、妥協し主張し、こだわらず

これから同居するなら、まず肝心なのは、「いい嫁」をやろうとしないこと。無理はせず、自然体で、できないことはできない、困ることやいやなことは、アサーティブに（率直に冷静に）伝えること。そしてダメな嫁だと思われても気にしない、ということです。

難しいと思われるかもしれませんが、この先ずっといっしょに暮らしていくのであれば、妥協できる点は妥協し、ここはゆずれないという点はしっかり主張し、ほかの細かいところにはあまりこだわらず、柔軟に対応するのが秘訣です。

子どもにとっては、母子密着で育つよりも、親以外のいろんな大人や家族との関わりがあることで、世界も広がり、子育てのプラス面もふえます。また今は第1子でなにかと気になるでしょうが、今後もし2人目、3人目と出産される予定なら、「孫が命」のバーバの応援は助かります。子どもをあずけて外出したり旅行したり、「敵を味方に」変えて「使えるものは使え」と考えたほうが得策でしょう。

でも夫が〝蚊帳《かや》の外〟では困ります。「どうでもいい」ではなくて、まさよさんから同居の条件として「こういう場合は介入してほしい」「悩みをちゃんと聞いてほしい」など、自分の要望をきちんと伝え、話しあっておきましょう。

また、夫以外にもぜひ、グチや弱音をいいあえる友人や居場所を確保しましょう。「話す」ことは「放す」こと。感情をためこまず安全な場でどんどん話して、ストレスをうまく手放していきましょうね。

Q 義父を迷惑に感じてしまう私

近所でひとり暮らしをしている義父(舅《しゅうと》)のことです。退職しているため昼間もしょっちゅう訪ねてきて、そのつど家事が中断されます。たまに上の子を公園につれていってくれたりするのは助かりますが、そのときにもお菓子やジュースを与えているようです。

義父自身は私の子育てを助けているつもりのようで、私もありがたいと思っていますすし、義母が亡くなって以来、夫と2人で暮らしてきた義父を私も嫌いではありません。

それなのに…そんな義父を迷惑だと思ってしまう自分のほうが悪いような気がして、夫にも気持ちをいえず、イライラがたまっています。どうすればよいのでしょうか。

(のりこさん・39歳/3歳の女の子と7ヵ月の男の子のママ)

A

「いい嫁」であろうとして、疲れていませんか？

お舅さんに対してどう接していいかわからない、というお悩みですね。おじいちゃんとしては「よかれ」と思ってひんぱんに顔を出しにきて、孫の世話もしてくれるんだけど、ママとしては迷惑で気が休まらない。でもイヤとはいえず…ストレスがつのっているわけですね。

まず、のりこさん自身は何を「迷惑」だと感じているんでしょう？「義父を嫌いではない」とのことですし、おたよりを読むかぎり、特にひどいお舅さんでもなさそうです。もしかしたらのりこさんは「いい嫁」をやろうとして疲れてはいませんか？　もしも自分の実の親であったら本音で「お菓子やジュースをあんまり子どもにあげないでね」「この時間は忙しいから、来るなら○時ごろに来てね」と、遠慮なく、思ったことをいえるのではないですか。

夫に対しても「私ちょっと困ってるんだ」と、正直な気持ちを話せないのも「いい妻」であろうとしすぎてはいないでしょうか。

I（私）メッセージで本音を伝え「幸せな家族」へ

近所に住むお舅さんは、子どもたちにとってかけがえのないジージであり、家族であり、これからも長くおつきあいしていく関係です。他人行儀でいい顔ばかりしていては、先がもちませんよ（笑）。

家族にかぎらず、いつも「いい人」であろうとして、自分のいいたいこともいえず、無理を重ねていると、相手に合わせているのがしんどくなって相手を避けようとしたり、しだいに怒りや嫌悪感を抱くようになり、「迷惑」だと感じてしまいます。でもそれで出会いを避けていると、せっかくの善意や助けも受けとれないし、もったいないですね。「迷惑だと感じる」こと自体は、悪いことではありません。ただその気持ちを伝えられずに、嫌悪感がふえていくのは、健康的ではありませんね。

多少、そのとき気まずくなったとしても、長い目で見れば、本音をいえたほうがお互いにとって気が楽です。でも、本音といっても、「お父さんはまちがっています、わかってない」といった批判的なＹＯＵメッセージではなく、「こうしてもらえると（私は）

助かります」「私はちょっとこれは困ります」と、相手の立場も尊重しながら、自分のイエス・ノーを、Iメッセージで伝えるようにしましょう。相手にとっても、真意を伝えてもらえなければ、本当に何が「よかれ」なのかどうかわからず、問題が解消できないままになるでしょう。

つまり、相手に「空気、読めよ」と期待しないこと。特に祖父母世代に「KY」文化は通用しないと思いましょう。

そして、相手からもイヤだといわれないかぎりは、子どもの世話も頼めばいいし、もっと甘えてもいいと思います。だけどそこで「完ぺきは求めない」こと。たまにお菓子をあげちゃっても「ま、いっか」。自分のやり方と少々違っても、寛容に、臨機応変に、不完全を許せることが大切です。

お互いの不完全さを認めあい、弱さを助けあうことを学ぶために、人は出会い「家族」になります。偽りの「いい嫁」よりも、素直な笑顔のあふれる「幸せな家族」になってくださいね。

Q 自分の母とそりが合いません

昔から母に「あなたとは性格が合わない」といわれていましたが、里帰り出産したときのひどい態度には、縁切りも考えました。タバコも「私が吸いたいの。親に命令するの？」とやめず、私たち夫婦のことも「性格が悪いからきっと離婚する」と呪いのような言葉をあびせてきます。子どもにも、怖がるおもちゃを何度も動かして号泣させたりします。

母は1年の半分以上を父のいる海外で過ごすため、会うのは年に数回、数時間。距離をおくことで現在もつきあいが続いています。

私や孫をかわいがってくれる気持ちはあるようなのですが、それがこちらにとってよい態度として表れないようなのです。どう接すればいいのでしょうか。

（あゆみさん・29歳／2歳の男の子と2ヵ月の女の子のママ）

A 「子どものころの自分」の気持ちを受けいれて

親となって子育てするなかで、私たちはしばしば「傷ついた子どもの自分」に出会うことがあります。母親から「性格が合わない」といわれてきたというあゆみさんは、子ども時代から、傷ついたつらい体験が、いろいろあったのではないでしょうか。

お手紙を読んで気になったのは、お母さんの「ひどい態度」については詳しく書かれていても、それに対するあゆみさん自身の気持ちや感情が、まったく言葉に表されていないことでした。たとえば「つらい」「さみしい」「悲しい」「くやしい」といった率直な感情です。あゆみさん自身が感じたそのときの正直な気持ちを、ありのままに見て、まず自分の感情を理解しましょう。

お母さんに対して「いやだ」「腹が立つ」といった怒りや反発を感じていたとしたら、それもまた正直な感情です。が、怒りは、つねに二次感情で、必ずその根っこには、もっとやわらかで素直な「わかってほしい」一次感情があります。「もっとやさしくしてほしい」「受けいれてほしい」「認めてほしい」といった、心の奥底にある本当の〝心の声〟が表現できず、ねじれてしまったとき、哀しみは怒りとなって、感情が爆発します。

でもおそらくあゆみさんは、怒りも表さず、ずっと「いい子」だったのではないでしょうか。親に怒りをぶつけ、衝突することを避けようと、自分の感情を抑圧し、距離をおくことで、自分を支え、親との関係を保とうとしてきたのではないでしょうか。

あゆみさんのなかに、そんな「傷ついたままの子ども」がいて、それが今の親との関係にも影響しているように思えます。

相手は変えられなくても自分は変われる

では、どうするか。まず第一に理解しておいてほしいのは、お母さんの「ひどい言動」は、あゆみさんのせいではなく、お母さん自身の問題（たとえば自分の親、夫、まわりとの人間関係、今までの人生の体験など）から生じていることであり、子どものあゆみさんに責任はないということ。だから、あゆみさんは罪悪感をもたずに、自分の気持ちを表現していいということ。第二に、でもそれで、必ずしもお母さんを「変えられる」わけではないということ。

その二点を踏まえたうえで、最終的な選択は、やはりあゆみさん自身が決めることです。あゆみさんには、自分の気持ちを伝える権利もあれば、あえて伝えないことを選ぶ権利もあります。お母さんに近づいて、傷つくのが怖いなら、今までのようになるべく会わずに、距離をおいてつきあうのもいいでしょう。でも、あゆみさん自身が「お母さんともっと仲よくしたい」と願うのなら、そのいちばん深い本当の〝心の声〟を伝えることで、何かが変化する可能性もあります。

かたくなに強張《こわば》っている心を溶かせるのは「愛」だけです。でも「愛されること」を相手に求めて、期待すればするほど、結局もっと自分を傷つけることになるでしょう。「相手」と「過去」を変えることはできませんが、「自分」と「今」は変えられます。

お母さんに愛を乞う執着や期待をいったん手放し、まずは傷ついている「私」を、ほかでもない自分自身がうんと抱きしめ、いちばんの理解者となって受けとめてあげてください。

Lesson 4

愛と感謝を思い出す

*「ありがとう」といわれたことは？

あなたが今日まで生きてきたなかで感じた「愛と感謝」を思い出してみましょう。自分が誰かにしてあげたこと、感謝されたことを書き出してみます。どんな小さなことでもOKです。

- 母の日にカードを書いてプレゼントした
- 友だちの鉄棒のさかあがりの練習にできるまでつきあった
- 近所の年下の子のめんどうをみてあげた
- バザーをして被災地に義援金と物資を送った
- 夫の好きな映画を録画しておいたら感激された

＊誰かにしてもらったことを思い出そう

自分が誰かにしてもらったこと、感謝したいことを思い出してみましょう。どんな小さなことでもいいです。赤ちゃんのころから現在まで、さかのぼってみましょう。

私のしるしは
ちょうちょうマーク
パパの おみやげは
いつも大好きなケーキ
おばあちゃんの
おにぎり

・離乳食、ごはんを食べさせてもらった
・お父さんが自転車の練習を手伝ってくれた
・おばあちゃんがおんぶしてくれた
・失恋したときに友だちがなぐさめてくれた
・病気のとき夫が家事をしながら看病してくれた

＊「ありがとう」探しノート　書き方の例

（例）お母さんに

年齢	してもらったこと	してあげたこと
0歳	おっぱいを飲ませてもらった オムツをかえてもらった	生まれてきたこと??
4歳	幼稚園の送り迎え お弁当をつくってもらった	ママの絵を描いて プレゼントした
小学1年	入学式に花柄の ワンピースをつくってもらった	近所の商店街へ おつかいにいった
中学生 のころ	テニス部の試合の 応援に毎回来てくれた	夕飯づくりを 手伝った
高校生 のころ	受験勉強中、夜食を つくって励ましてくれた	マフラーを 編んであげた

第5章

友だち・まわりの人のこと

Q ママ友のつくり方を教えてください

転勤で引っこしてきたため、近所に知りあいがいません。子どもと公園に行っても、すでにできているママたちのグループには入りにくく、結局、足が遠のいてしまいました。

私自身、学生のころから、知らない人に話しかけたり新しく友だちをつくったりするのが苦手で、あまり友だちも多くありません。このままだと子どももほかの子と遊べず、つらい思いをするのではないかと心配です。

夫は仕事が忙しく、帰りも遅いのであまり相談もできません。孤独で押しつぶされそうです。

どうしたら気軽にママ友をつくったり、つきあったりすることができるのでしょうか。

（さえこさん・28歳／8ヵ月の女の子のママ）

A

きっかけは「何ヵ月ですか?」

慣れない土地ではじめての子育て、大変ですね。私も子どもを産んだとき、上京してすでに10年たってはいましたが、家はただ寝に帰る場所で、近所づきあいもなく、地域に相談できるようなママ友もいませんでした。

ストレスがつのるなか、赤ん坊を抱いて外へ出て、ベビーカーが置いてある家や、オムツが干してあるベランダを見ると「どうしてますか?　ずっと子どもといっしょにいて煮つまりませんか?」と、ノックして聞いてまわりたい衝動にかられたものでした。

公園に行っても、やはりさえこさん同様、すでにできあがっているママグループには声もかけづらく、ベンチでしょんぼり…。

でも、何度か足を運んでいるうちに、同じようにひとりでベビーカーを押してきているママを発見。思いきって「何ヵ月ですか?」と声をかけてみると、「あ、7ヵ月です。そちらは?」なんて感じで、会話ができるようになりました。この「何ヵ月ですか?」は、その後も会話のきっかけの常套句になりました(笑)。

私の場合はその後、息子が1歳になる前に保育園に入れたので、そこで親子ともに友だちもできて救われました。でも、保育園にあずけない場合でも、地域の公民館・児童館の「親子ひろば」などの子育て支援事業、行政やNPOが主催している子育て講座や相談会などに、どんどん参加することをおすすめします。地域の広報を見たり、役所の窓口で紹介してもらうこともできます。まずは情報収集をしてみましょう。

公園のママ友だと、グループによっては「ボス」がいたり、つきあいに気をつかったりして、よけいストレスになることもあります。仲間づくりのコーディネーターがいる子育て支援の場であれば、その点、より安心して参加できるでしょう。

悩みは「恵み」。きっと仲間と出会えます

私が各地の公民館などで講師をしている子育て講座でも、「公園では友だちがつくれない」といってやってくるママがたくさんいます。そうした悩みを聞いていると、学生時代にいじめの体験があったり、人との関係で傷ついてきた人も少なくありません。もしかしたらさえこさんにも、そんな体験があり、人と接することへの「恐れ」があるの

かもしれませんね。

でも子育ては、親となる人間の「育ちなおし」のチャンスでもあります。子育てはけっしてひとりではできません。お互いの悩みや弱さを見せあい「助けて」がいいあえる人間関係が不可欠になります。

もしも、これまで安心して人間関係を築ける機会がなかったとしても、子どもの存在・子育てを通して、悩みを分かちあい、本音でつきあえる友だち、ありのままの自分を見せあえる仲間をつくっていきましょう。

私の講座でも「こんなこと人に話したのははじめて」「人前で泣くなんて思ってなかった」「心が軽くなった」というママたちが、泣いて笑って、スッキリしていきます
大丈夫。悩みは「恵み」になります。「恐れ」を超えて、一歩踏みだしてみましょう。

同じように不安だったり悩んでいたり、だからこそ共感しあえる仲間と、きっと出会えますよ。

Q 独身の友人とのつきあい方は？

子どものいない友人のことで相談します。

娘が生まれてから、友人たちがお祝いに来てくれたのですが、ある独身の友人は「子どもが生まれちゃったら、これから仕事も旅行もできないね」とか、ネガティブなことばかりいいます。妊娠中、つわりが大変なときにも「だから私は子ども欲しくないのよね」といったり、子育てのつらさもわかってもらえません。

友だちのなかではまだ出産している人も少なく、私自身も独身の身軽さをうらやましく思うときもあります。その友人とも、子どもができる前は仲よくしていたのに、最近は話も合わず、つきあうのがしんどくなってきました。これから彼女とどうつきあっていけばいいのでしょうか。

（めぐみさん・26歳／1歳の女の子のママ）

A 悪気はないのかもしれません

私も思いあたることがありますね。子どもが生まれたとたん、独身の友人たちを遠くに感じて、孤独な気持ちになったり…。でも相手の態度に傷ついたというより、自分も子どもができる前は、もしかしたらこんな「無神経」な言動をしていたかもしれない…と、冷や汗が出るような思いをしました。

昔は、会ったこともない夫や子どもの写真をでかでか印刷した年賀状や、同窓会でわが子のノロケ話しかしない級友たちに、ちょっとうんざりしたこともありました。今なら、それも楽しく、わかるわかると、共感できるんですけどね。やはり自分が体験してこそ理解できる、という面はたくさんあると思います。

めぐみさんのお友だちも、そうした体験的な理解・共感ができないだけで、もしかしたら悪気があってのことではないかもしれません。今の社会では、まだまだ女性は「産むべき性」として見られ、結婚して出産するのがあたりまえと、世間からさまざまに「母性」を強要される現実があります。そんな圧力のなかで「出産・子育て」に対する無意識の反発や抵抗感が彼女のなかにあって、ついネガティブな言動になってしまうのかもしれません。

めぐみさんが働いていたころ、「まだ産まないの?」「子どもがいない人生はさみしいよ」なんて、よけいなお世話をいってくる人はいませんでしたか? これも明らかなセクハラですが、うんざりしながら受けながしている女性も多いでしょう。

そうした圧力と戦っているシングルのワーキングウーマンの友人が、私にもたくさんいます。だから私は、彼女たちが無神経な言動で傷つくことのないよう、できるかぎり配慮したいし、それぞれの生き方を応援したいと思っています。

立場をこえた友人の温かい言葉に涙

ちなみに私は、非婚で子どもを産み、パートナーとは別姓で、お互い仕事をもち、家事・育児を分担しながら子育てをしてきました。

それでもやはり、子育ての負担は母親のほうに、より多くかかります。産後まもなく、私が子育てで身動きできなかったとき、久しぶりに会えた独身の友人がいってくれた言葉が忘れられません。「あなたのお乳の張る痛みは私にはわからないけれど、あなたが苦しんでいる、その胸の痛みはわかってあげたいよ」。涙が出ました。本当の友情とは、そうしたお互いの立場の違いを認めたうえで、支えあい、励ましあい、相手のことを「わかってあげたい」と願うものだと思います。

だから「私は子どもは欲しくない」というお友だちの言葉が、正直な彼女の気持ちであれば、「あなたはそう思うのね」と、相手の意見を尊重したうえで「でも私は子どもが欲しかったの」と、自分の正直な気持ちを対等に伝えられたらいいと思います。そして、もし相手の言動で傷つくことがあるなら「そんなふうにいわれると私は悲しいよ」と、その気持ちもまた率直に伝えられたらいいですね。

「出産」のために、仲のよかった女性たちが分断され、引きさかれてしまうのは哀しいことです。子育ての苦楽は共有できなくても、心の痛みを伝えあい分かちあうことはできるはずです。友情もまた世話をしながら育ててゆくもの。本当の友情を願うなら、まずはめぐみさんから、自分にも相手にも正直になってみてくださいね。

（※p106　レッスン5「自己表現してみよう②」で本件を例にあげています）

Q 苦手なママ友と離れたいのですが…

上の娘が幼稚園に入り、知りあったママ友についてです。娘と仲よくなったA子ちゃんのママが、私の家のことを細かく知りたがるので困っています。夫の職業や会社名、収入、夫婦仲、学歴までしつこく聞かれ、ほかに話すことといえば、人のうわさや悪口ばかりなのです。

会っていてもいやな気持ちになるので、離れたいと思っているのですが、そうすると子どもどうしの関係に影響が出るのではないかと心配です。また、私は引っこしてきたばかりで、幼稚園にも知りあいが少ないのですが、相手は園のママたちのなかにも仲のよい人がいるようなので、もし離れた場合に、私のことを何かいわれたら…と思うと、このままがまんしてつきあいを続けるしかないのかなと悩んでいます。どうしたらよいでしょうか。

（じゅんさん・38歳／4歳の女の子と1歳の男の子のママ）

Aがまんしている自分が「好き」ですか？

まるで中高生の悩みのようですね。もしかしたらじゅんさんは、学生時代からずっと、こうした人間関係で悩んでこられたのではないでしょうか。いっしょにいても楽しくない、いやな気分になるだけの相手なのに、仲間はずれになるのが怖くて、がまんしてつきあっている…そんなことはありませんでしたか？

もしそうだとしたら、率直にいって、そんな状態でいつづける自分を「好き」だと思えますか？　自分の気持ちを偽り、無理をしている自分がいやになり、自己嫌悪になってしまうなら、そのことのほうがよっぽど子育てにもよい影響にならないでしょう。

夫の収入や学歴までしつこくたずねられ、人の悪口ばかり聞かされるというのは、じゅんさんにとってひどく苦痛であり「暴力」ともいえるでしょう。その人と離れたら、「子どもどうしの関係に影響が出るのでは」と心配されていますが、このまま苦痛に甘んじているこ とのほうが、私は心配です。

子どもはまさに大人の姿を映す「鏡」です。学生時代とは違い、今は大人になり母親となったじゅんさん自身が、今ここからどんな人間関係を築いていこうとするのか。そのいちばん身近な親の姿をモデルに、子どもは他者との関わり方を学んでいきます。

じゅんさんが本当に望んでいることはなんでしょう。そして娘さんに、どんな「友人」を願いますか？　信頼しあい、安心して、ありのままの自分でいられる相手。そんな人との絆をわが子に願うのなら、まず親であるじゅんさん自身が、それを自分に求めて生きていくことが大切ではないでしょうか。

自分を信じ、孤立を恐れないで

今、子どもの社会で問題になっている「いじめ」は、まさにこうした大人たちの不健全な人間関係の現状を映しだしています。

誰からも嫌われたくない、仲間はずれになるのが怖い、その不安から、自分の気持ちをかくし、ノーがいえず、見て見ぬふりをしている多くの〝傍観者〟たちが、現実には「いじめ」の加担者となり共犯者になっています。そしてまた、そんな自分を好きと思えず、罪悪感を抱え、自信をなくしています。

だからこそ私は、今を生きる子どもたちに、誰がなんといおうと自分を信じ、イエス・ノーを自分で決めて表現できる力を、何より大事にはぐくんでほしいと願っています。「でもやっぱり孤立したら怖いから」と不本意な相手に迎合することを選ぶのであれば、それも個人の自由意思です。けれど、それで本当の「安心」「自信」は得られません。

自分の心に素直に、正直に生きようとすれば、ときに独《ひと》りになる勇気も必要です。そして「連帯を求めて孤立を恐れず」。自分に正直であればあるほど、また同じように正直で信頼できる友にもめぐりあえます。類は友を呼び、自分が不正直であるかぎり、いつまでたっても不誠実な人間関係しかもたらされないでしょう。

人から自分がどう思われるかよりも、自分が自分を肯定できるか。お母さんが自分を信じ、正直に生きている姿は、きっと子どもの自尊感情も育てるでしょう。そして本当の「仲よし」とは「安心」「自信」を互いにはぐくみあうものだと、親の姿を通して子どもたちへ伝えていけるよう、願っています。

Q ママサークルにランチは必須？

近所でママサークルに入りました。子どもといっしょに、英語の音楽や絵本を使って活動するのは楽しいのですが、活動が午前中なので、終わったあとにだいたいみんなでファミレスへランチに行きます。

私も誘われ何度か行きましたが、お金もかかるし、化粧品の購入をすすめられたりすることもあるので、できれば毎回は行きたくないなと思っていました。でも、ほかのママが何度かランチをパスしたら、その後、誘われなくなったようで、しばらくしてそのママはサークルをやめてしまったのです（やめた直接の理由はわかりません）。

私は子どものためにもサークルはやめたくないのですが、このサークルを続ける以上は、やっぱり毎回ランチに行かないとダメなのでしょうか。

（はなこさん・31歳／1歳1ヵ月の男の子のママ）

A

「いや」といったらどうなる？　客観的に考えてみましょう

これは、ランチに行かなければ「ダメ」とか「よい」とかいう問題ではありませんね。肝心なのは、はなこさん自身が「どうしたいか」ですが、はなこさんの本心としては「毎回は行きたくない」と思っている。けれど「いや」といえない。いやといったら、どんなことが起こると恐れているのでしょう？

客観的に問題を整理してみましょう。

まず、このサークルは、毎回ランチに行くことが、サークル参加への「絶対条件」になっているのでしょうか？　そうでないのなら、当然ランチを断る権利はありますね。そのことで、はなこさんがサークルをやめる必要はまったくないわけです。でもランチ参加が、なんとなく「暗黙の了解」っぽくなっているのなら、「サークルとランチは別」ということを、この際はっきりさせればいいと思います。同じような負担を感じている人はほかにもいるのではないでしょうか。

シミュレーションしてみましょう。

はなこさんが「ランチには参加できないけれど、サークルは続けたい」という自分の意思を伝えたら、何が起こるでしょう？「それではダメ。サークルはやめてほしい」とほかの人たちから迫られるでしょうか。

さすがにそこまで強要されないとは思いますが、でも、もし強要される場合はどうするか？　それでも「子どものために」とがまんして続けようと思うのなら、自分のストレスとランチ代の負担を承知したうえで、選択すればいいと思います。でもそうまでして続けたくないと感じるなら、もっと居ごこちのいい場所や人間関係を探せばいいでしょう。

安心できる人とのつながりを

産後、私も近所にママ友を求めましたが、子どもが保育園に入って仲間ができるまでは、地域で本当に仲よくなれたママ友はひとりだけでした。地域センターで知りあい、たまたま子どもの誕生日が同じだった彼女とは、お互い散らかった家で気がねなくおしゃべりしたり、おにぎりを買っていっしょに公園でランチしたり、リラックスして過ごせました。もう引っこして近所ではなくなったけれど、20年たった今もかけがえのない友人です。人間関係は量より質、ありのままに、本音でつきあえる相手が、私にはいちばんの宝です。

最近のママグループを見ていて気になるのは、子どもの世界でも問題になっている「同調圧力」の強さです。「KY」といわれないよう、まわりの空気を読み、はずれることを恐れ、自分の感情を押し殺してまで周囲に合わせ、その結果「いじめ」に加担してしまったり、見て見ぬふりをしてしまいます。

はなこさんは「いやといえない自分」をいやだとは感じていませんか？「子どものために」もいちばん大切なのは、お母さんが自分を肯定していられること。そして親も子も、安心できる人とのつながりのなかで、自尊感情は育ちます。ノーもイエスも、ありのままにいいあえる幸せな人間関係を、自分にも子どもにも築いていけたらいいですね。

はなこさんが、自分の人生で、何を優先し大事に思うか。親の価値観を問いなおされる、まさに子育ては「自分育て」です。

（※p108　レッスン5「自己表現してみよう②」で本件を例にあげています）

Lesson 5

自己表現《アサーション・トレーニング》してみよう②

＊事例その1

Q.独身の友人とのつきあい方は？（P94～97）

独身の友人からこんなことをいわれました。
あなたならどう反応しますか？

子ども生まれると
生活かわっちゃうでしょ。
自分の好きなことも
できないなんて！
子どもなんて
うざ～～い！

そ、そうかも…
私も一人の時間なんて
ぜんぜんないわ…
私みたいに
なりたくないってこと？
で？

非主張的

自分の意見を主張せず、相手に同調する。内心では反発や怒りを感じている。が、相手に話を合わせてしまう。

攻撃的

相手を断定的に決めつけて、YOUメッセージで非難する。「いつも」「絶対」といった大げさな表現で批判。

主張的

相手の意見も尊重しつつ、平静に、自分の意見も主張する。相手を否定することなく私を主語としたIメッセージで自分の気持ちを率直に伝える。YOU are OK. I am OKの態度。

＊事例その2

Q.ママサークルにランチは必須?（p102〜105）

ママサークルが終わってランチに誘われました。
あなたならどうしますか?

とーぜん行くわよね!
あっ、もう ランチ時間じゃん。どこにする?
こわっ
えっ…うん…
(どうしよう… 用事があるけど… 行けないなんていえない)
もー
行きたいけど 今日はパスするっ! 次回はそのつもりでくるわね!
またね〜
その言い方何様?
だいたいなんでいっつも勝手に決めるのよっ!
きゃ〜

攻撃的　　主張的　　非主張的

第6章

働くこと

Q 自分のことができず、進歩がない毎日です

長女を出産し、現在育休中です。妊娠中は、子どもが生まれたらあれもこれもしてあげたいと思っていました。自分も資格をとる勉強をするつもりでした。でも、いざ生まれてみたら、まったくそんな時間がもてません。子どもに絵本を読んだりはできるのですが、自分自身のことは全然できません。子どもが起きているときはそばにいて遊んであげないと泣きますし、すぐに私が抱っこしてかまってあげないと泣きやみません。

時間があるようでない感じです。子どもの成長は楽しいのですが、自分自身の進歩は何もないまま一日が過ぎていきます。家の中にこもりっきり、世界が狭くなった感じがします。自由に動けないもどかしさで悲しくなります。

また、職場復帰に際し、保育園の途中入所ができるのかも不安です。

（ほのかさん・38歳／5ヵ月の女の子のママ）

A 不安な気持ちはわかります

「時間があるようでない」。まさに！　赤ちゃんとの生活はそんな感じですね。

私も妊娠中は、子どもが生まれたら、赤ちゃんの眠るベビーベッドのかたわらで編みものしたり読書したり…なんて優雅なイメージを描いてました。ところが現実は、寝かせようとすればギャーと泣き出す、読書どころか新聞さえ読めない生活に(笑)。そんな〝理想〟と〝現実〟のギャップに打ちのめされ、こんな日々がいつまで続くのか、トンネルの出口が見えない不安に、落ちこんでしまうのもわかります。

でも、「自分の進歩は何もないまま」のように思えても、ほのかさんは今、日進月歩の赤ちゃんの成長とともに、確実に進歩しているはずです。今は「資格をとるための勉強」はできなくても、はじめて子どもを生み育てるなかで、ほのかさんはこのかんどれだけ多くのことを知り、学び、変化したことでしょう。

言葉が話せない赤ちゃんは、泣くことで自分の気持ちや要望を伝えています。お世話する人は赤ちゃんのサインを受けとめ、要求を満たしてあげる。その積み重ねで、赤ちゃんは安心できる人との絆を形成し、信頼感の土台となる愛着関係を築いていきます。

ほのかさんはこの5ヵ月間、そんな絆をしっかりつくり、「世界が狭くなった」ように思えても、実は毎日、赤ちゃんとの大切な新しい世界を築いていたかもしれません。それはまた、ほのかさんを内面的・人間的に深く豊かに成長させているはずです。

私たちは「働く」ということを、会社に出かけ、賃金労働することだけのようにとらえがちですが、この世にひとつの尊いいのちが生まれ育つ営みに、関わり、働きかけ、影響をおよぼしあう、貴重な子育てという「働き」にも、まさにプライスレスの価値があることを、どうか忘れないでいてほしいと思います。

今、ママも成長していますよ

けれど、もちろん、自分自身のやりたい仕事や夢も大事です。資格取得をめざすほのかさんは、向上心の強い、がんばりやさんかもしれませんね。でも〝完ぺき主義〟は、自分を追いつめるので要注意。母親が働きつづけていくには、家事も育児も仕事も100%を求めず、ほどほどの〝いい加減〟を許していないと、パンクしかねません。

また活用できるものはどんどん活用し、あの手この手の〝抜け道〟を探しましょう。

たとえば保育園も、途中入所で入れなかったら、次の手を考えましょう。私も希望の公立保育園には途中入所できず、とにかくあちこち探しまわって、しばらくは私立の認可保育園でみてもらい、ときにはベビーシッターさんや友人にも助っ人を頼みました。小学6年生の友人の娘に「とにかく3時間みてくれればいいから！」と、時給500円で子守りを頼んだことも（笑）。公立の保育園に入れるまでは保育費用のやりくりも大変で、そうまでして、なんのために働いているんだろうと思ったものです。

でもやはり「人はパンのみにて生くるものにあらず」。人はお金を稼ぐためだけに、働くわけではないでしょう。自分の生きがい、やりがい、喜び、充実感…。ほのかさんにも子育て以外の「やりたいこと」がたくさんあるでしょう。そんな自分の夢を、どうかあきらめないでくださいね。たとえ今は身動きがとれないように思えても、この状態は永遠には続きません。必ず変化します。トンネルの出口は、きっと見えてきます。

あきらめない、でも、あせらない。自分も子どもも犠牲にしない。その〝バランス〟を、どうか大切にしていてください。

Q 再就職するかどうか、ゆれています

妊娠を機に派遣契約が終了し、現在は専業主婦です。年齢やスキルの面から、2年以内には再び仕事につきたいと思っています。できれば1歳後半くらいまでは自分で子どもをみてあげたい気持ちもあります。

が、長女はカンがとても強い子で、起きているあいだ、私は数分も離れていられません。仕事をすることで子どもといい距離を保ちたいという思いもあり、ゆれています。

住んでいる地域は保育園の激戦区で、1歳以降から入るのは難しいというううわさもあるし、もし保育園に入れたとしても、双方の実家とも遠いため、病気になった際など、何かあったときに頼れる人がいないことも不安です。アドバイス、お願いします。

（いくこさん・33歳／4ヵ月の女の子のママ）

A

あなたの希望を再確認してみましょう

お子さんがまだ生後4ヵ月だと、たしかに迷いますよね。

私も最初は「子どもが1歳になるまでは、仕事は休んで子育てに専念しよう」と思っていました。が、いくこさん同様、うちの子も非常にカンが強く、つねに抱いてからだが密着していないと泣きやまない状態で大変でした。産後3ヵ月でギブアップした私は、子どもを抱いて保育園を探しまわり、生後8ヵ月でなんとか公立保育園に入所することができました。

いずれは私も仕事を再開するつもりでしたが、今すぐ働きたかったというわけではありません。それより、このまま子育てだけの毎日を続けていたら、精神的にもたない、イライラして、結局、わが子を安らかに受けいれてあげることもできず、子どものためにもならない、と痛感したからです。

保育園に入ってからもいろいろと苦労はありましたが、仕事に復帰したことは、私にとっては正解だったと思います。自分が自分であるための時間がもてるようになり、子どもと過ごす時間が、より大切で、いとおしくなりました。

もしいくこさんが、仕事を再開したほうが、自分もリフレッシュできて、子どもともよい関係でいられると思うのであれば、自分自身の感覚を信じて判断すればいいと思います。そこで、保育園にあずけることに罪悪感をもつ必要はありません。今は子育てに専念したい人、仕事もしたい人、なんであれ、まずお母さんが幸せであること、それが子どもの幸せにもつながります。

子育てにただひとつの〝正解〟はありません。自分にとって、そして子どもにとって、より〝幸せ〟だと思えることを選択すればよいと思います。

案ずるより産むが易《やす》し！ 無理ならやり直せばいい

さて、そこで現実的な問題です。

本来なら、子どもを産んだ女性が、自分が望む時期に安心して再就職できる社会であってほしいのですが、現実はまだまだ厳しいところです。いくこさんが「再就職するなら2年以内に」と考えるのも「これ以上、離職期間が長くなると、元の仕事につきにくい状況になるから」とのこと。たしかに、その意味では、地域の保育園の空き状況も早めに確認しておいたほうがいいですね。

私の住んでいた地域も待機児童の多い激戦区で、8ヵ月であずけることになったのも、やはり1歳を過ぎると入園が難しくなるという状況判断もありました。また、うちも核家族で、子どもの病時や送り迎えなど、当初は心配していましたが、やがて保育園のママ友たちとも親しくなり、困ったときはお迎えを頼んだり、お互いさまで助けあう関係もできました。

「案ずるより産むが易し」、先どり不安で悩む前に、実際に行動するなかで扉は開かれ、サポートを得られることも多いものですよ。

そして、やってみて無理だと思ったら軌道修正して、やり直せばいいでしょう。人生はいつも予測どおりにはいかないし、特に子育ては「想定外」の連続です。

最悪の事態を想定して、「こうなったらどうしよう」と心配していると、何もできなくなってしまいます。「どうにかなる」「なんとかなる」を口癖に、仕事も子育ても、いくこさん自身の人生を悔いなく自分らしく歩んでいってくださいね。

Q 母親はあきらめるしかないの？

私と夫は大学の同級生。結婚してからは、お互い仕事をしながら家事を分担してきました。ところが、私が妊娠・退職し、復帰の予定もなくキャリアを断たれ、今ではただ息子の世話に明けくれる毎日にイライラがつのっています。

特に、家事や育児を私にまかせ、思う存分に仕事をしている夫がうらやましくてたまりません。いつのまにか、以前は分担していた家事もしなくなった夫に、つい「食器くらい洗ってもいいいんじゃない？」とどなっては険悪ムードになります…。

同じように学んできたのに、なぜ私ばかりが犠牲にならないといけないのでしょうか。私だって仕事もしたいし育児もしたいのに、母親である女性は、いろいろなものをあきらめるしかないのでしょうか。

（しょうこさん・39歳／1歳1ヵ月の男の子のママ）

A
「あきらめる」かどうかは、自分の選択しだい

しょうこさんのお気持ち、よくわかります。戦後生まれの私たちは、いちおう「男女平等」の理念のもと、同等に教育を受けて育ってはいますが、現実の社会は歴然として「オトコ社会」。日本では今なお、女性が子どもを産み育てながら働きつづけていくための社会制度も整っていないし、「母親は家庭に入り、子育てに専念すべき」といった保守的な価値観も根強くはびこっています。

でも「あきらめるしかない」かどうかは、これからのしょうこさんの選択しだいではないでしょうか。妊娠して退職し、キャリアを断たれたことも、しょうこさんの本意ではなく、しかたなく〝選ばざるをえなかった〟ことだったのかもしれません。それでも、やはり最終的にはしょうこさん自身が〝自己決定〟した結果であると、いったん受けとめることは必要でしょう。

そして今「子育ても仕事もしたい」としょうこさんが本気で願うなら、またここから選択しなおすことはできるし、「私ばかりが犠牲になる」必要もありません。

どんな選択にもプラスとマイナスがあります

私も出産後、おっぱいがあるために、子どもと24時間密着せざるをえない自分を、不自由に感じ、毎朝、あたりまえに会社に出かけていくつれあいを、ねたましく思ったこともありました。でもそんなふうにイライラしている自分がいやだったし、将来わが子に「私はあなたを産んだために、あれもこれもあきらめたんだ」と、グチるような母親にはなりたくないと思いました。

子どものためにと、自分を抑圧し犠牲にして生きていても、それで子どもは本当に幸せでしょうか。誰もねたまず、誰をもうらむことなく、自分が好きで選んだことだと納得できるのであれば、どんな選択をしても幸せでいられると思います。でも、自分ばかり犠牲になっていると怒りや不満を感じるのであれば、それは自分のためにも、家族の幸せのためにもなりません。

実際、母親が仕事も子育ても両立して生きていくには、いろんな苦労や障害もあります。喜びはあっても、ラクな道とはいえません。それがわかっているからこそ、しょうこさんも、一度は仕事を断念したのではないでしょうか？

人生「いいとこ取り」はできませんね。どんな選択にも、それにともなうプラスもマイナスも、もれなくついてきます。妻子の扶養義務を背負った夫には、夫なりの苦労や重圧《プレッシャー》もあるかもしれません。夫に「給料が減ってもいいよ、出世もしなくていいよ。それより家で家事・育児をしてちょうだい」といえますか？

そうした自分の意思や覚悟も含めて、自分は何を願い、何を選ぶのか、見つめなおしてみましょう。たとえどんな選択であれ、自分が選んだ結果としてある「今ここ」の状態を、夫や子どもや他者のせいにしないこと。

「自由」とは、自分のやりたい放題、身勝手に生きることではなく「自分に由《よ》って生きる」＝「自分をよりどころにする」ということです。自分の人生は、自分の責任と引き受け、しょうこさんが自由に幸せに生きていけますように！　応援しています。

Q 「育児放棄」といわれ、ショックです

次男が生まれ育休中ですが、長男は1歳半から今も保育園に通っています。長男は家ではわがままもいいますが、弟にはやさしく接し、私から見ればふつうの3歳児です。でも園の担任から「もっとふれあって」と何度もいわれます。キーキー声を出したりすると「ふれあいがたりないから」「ママが家にいるのにかわいそう」「園にまかせているのは〝育児放棄〟」とまでいわれ、今までの育児を全否定されたようでショックでした。

保育士さんは育児のプロですし、この方はベテランの先生で、いってることも理解できますが、私も夫も子どもとは十分ふれあっているつもりです。まだふれあいがたりないのか、自信をなくしています。どうしたら自信をもって子育てしていけるでしょうか。

（りえさん・36歳／3歳の男の子と10ヵ月の男の子のママ）

A

保育士さんも十人十色です

わかります。私も息子を保育園にあずけていたころ、保育士さんのひと言にグサリと傷ついたこともありました。特に「子どもがかわいそう」といわれるのは、親としてつらいものです。今なら私も反論できますが、当時ははじめての子育てで自信もなく、「私だって精いっぱいやっているのに…」と、泣きたい気持ちで唇をかんでいたことを思い出します。

でも保育士さんも十人十色、当然ながら考え方も価値観も違います。また「保育のプロ」ではあっても「育児のプロ」とはかぎりません。専門家であっても、完ぺきな人間はいませんし、自分の子育てに悩んだり、まちがうこともあるでしょう。

私も子育て講座の「講師」をしていても、育児のプロではなく、むしろ「不完全な自分」の体験を通して学んだことをお伝えしています。だから自分の経験からも「愛情がたりない」「子どもがかわいそう」という言葉は、子育て中のママには〝禁句〟だと思っています。なぜなら、そういわれて元気でハッピーになれるお母さんはいないし、もっと自信をなくし自己嫌悪になり、結局は、子どもにもよい影響にならないからです。

批判は受けとめつつ、感謝も忘れずに

ご長男の担任は「子どもためにに」と思うあまり、親に対して厳しくなっているのかもしれませんね。また「母親が家庭にいるなら自分で子どもをみるべき」という価値観をおもちなのかもしれません。でもそれが必ずしも正しいわけではないし、りえさんへの伝え方もあまり賢明とは思えません。なので、それはその人の一意見として、批判はさらりと受けとめ、とらわれすぎないこと。たとえ誰が否定してこようと、自分が自分を責めていじめないことです。

子どもの癖や性質など、親だからこそわかることもあります。りえさんのお手紙にも「夫と相談して、次に担任にいわれたら自分たちの考えをいおう。でないと子どもにも気持ちが伝わって悪循環だ」とありました。まさに、そのとおり。保育者、親、それぞれの立場での意見や情報を伝えあい、お互いに協力しながら子育てしていきましょう。それこそが「子どもの幸せのため」です。

また、「愛の反対は、無関心」。つまり、関心を向けることが「愛」ともいえます。無視・無関心ほど、冷たく哀しいものはありません。批判してくるのも、そこに「関わる心」があるからでしょう。

私にも、よく小言をいってくる苦手な保育士さんがいました。ある日、仕事がどうしても定刻におわれず、しかたなく電話で延長保育を頼み、急いでお迎えに走りました。もう誰もいない園室でただひとり、疲れて眠る息子をやさしくおんぶして待っていてくれたのは、その保育士さんでした。「ああ、この人が息子を守ってくれていた。ありがとう」と涙が出ました。

子どもは、けっして親だけでは育てられません。わが子であろうとなかろうと、その子が歩く道の途上で出会うひとりひとりが親のように接してくれる…それが「道親」です。保育士さんをはじめ、縁あってわが子と出会い、関わってくれるすべての人が、大切な「道親さん」となるでしょう。親も子も、いろんな人に守られ、助けられ、育てられている。そんな感謝の心をどうか忘れずに。

Lesson 6

私が私であるために

＊やりたいことを書き出してみよう

ストレスをためこまず、幸せなママでいられるために、ときには、自分のためにお金や時間を使って、ごほうびをあげましょう。自分にとって楽しく、リフレッシュできることを。

・ゆっくり温泉に入ってマッサージしてもらう
・ヨガを習いにいく
・友だちとコンサートに出かける
・ビーズアクセサリーをつくる
・新しい化粧品でメイクする　など

＊描いてみよう、私の夢

母として妻としてだけでなく、ひとりの人間として「私が私であるために」どんな人生を生きたいか、夢や願いを思い描いてみましょう。思うだけではなく、実際に書き出してみるといいですね。仕事や趣味、ボランティア活動など、自分の夢を思い出して。

・ピアノ教室を開きたい
・司法書士の資格をとりたい
・小説を書きたい
・TOEICのハイスコアに挑戦
・起業したい　など

最終章

生まれてきてくれてありがとう

あのころの「私」に

おかげさまで、息子もすでに二十歳《はたち》を過ぎました。

毎日、子育てにてんてこまいで、「早く大きくなってくれ〜」と思っているお母さんたち、「今がいちばんいい時期よ〜。大変だけど、あとから思えばなつかしくなるわよ」と、いわれているのではないでしょうか。

私自身、その渦中にいるとき、たくさんの人からそういわれました。が、当時はどうしてもそうは思えず、余裕のなかった私には、なんのなぐさめにもなりませんでした。

でも、今ここにきて、やっとわかりました。手探りで、無我夢中だったあのころが、実はいちばん自分を育ててくれていたんだ！　ということを。

子どもをつねに抱っこして、お箸《はし》を使ってゆっくり食事もできず、食べるのは片手でおにぎりやあんパン。夜は眠れず、新聞すら読めず、外にも出かけられない…。

そんなときに聞こえてくる、「もっと子どもをほめてあげて」とか「お母さんの愛情が大事、怒らないで受けいれて」とか「いいお母さんになりましょう」といった言葉は、頭では全部わかっているけれど、いわれればいわれるほど、しんどかったです。

私が今、子育て講座やこの本のなかで語っていることは、あのころの自分に向かっていってあげたかったことなのだと、思います。「そうだよね、イライラすることもあるよね。わかるわかる」と共感し、よりそってくれるような存在がいたら。「もっとこうしなさい」というアドバイスやお説教ではなく、ただ、「そうそう、そうなんだよね」と受けいれてくれるような存在がいてくれたら、もっともっと、子育てが楽になったような気がするのです。

苦しんでいるときに「もっとがんばれ」といわれるより、「よくがんばってるね、もう十分よくやってるよ、えらいね」と認められるほうが、元気が出ると思います。

今は息子も成長し、毎日手がかかった子ども時代は遠くなりました。でも、渦中だったあのころの感覚を忘れないように、子育て講座で若いお母さんたちに接しながら、そうそう、私もそうだった！　ということを、思い出すようにしています。

今、子育ての真っただ中にいるママの気持ちを忘れてはいけない。そんな思いで、みなさんからのおたよりに向きあってきました。

不完全な自分を許す

おっぱいがたりてないのも気づかず、ひと晩じゅう息子をしがみつかせて「なんで泣きやまないんだろう」と悩んでいた私は、未熟な母親でした。自分もまちがいながら、あちこち壁にぶつかりながら、子育てをしてきました。

まさに「失敗は成功のもと」。わからなかったから気づけたこと、未熟だから学んだことばかりです。

今、みなさんに伝えているのはすべて、自分自身の体験から得た、私にとって役に立ったこと。心を落ちつかせる「呼吸法」にしても、「ま、いっか」のおまじないにしても、この本のなかの「レッスン」も、全部、自分が実際に試して使ってきた「道具《スキル》」です。だからもしかしたら、万人にはあてはまらないかもしれません。

でも、それで「ラクになったよ！」「イライラすることが減ってきた」「子どもをたたかなくなりました」と、お母さんたちの笑顔がどんどんふえていくことが、何より、私の幸せになりました。だから、使う前にあきらめるのではなく、まずは試してみて、少しでも「自分の幸せの役に立つ」ようなら、ぜひ使ってください。

人にはそれぞれ、無意識であっても、好き嫌い、損得、快不快など、自分の生き方や行動の選択基準になっているものがあるでしょう。ずっと、私の選択の基準は、「正しさ」でした。自分にとって、ちょっと大変だな、しんどいな、と思うことでも、「でもやっぱり、こうするのが正しい」と考えると、「やらなくちゃ！」となるんですね。

しかし、うちの息子の基準は、快不快。いくら正しいことと思っても、頭では「やらなくちゃ」と思っても、やりたくない、いやだと、からだが感じて動けなくなる。それに反して行動しようとすると、おなかにきたり、熱が出たり、からだがストップをかけるんです。敏感で正直なからだですね。一方で、自分の楽しいこと、気持ちいいことは、積極的に動くし、集中するし、ストップといっても止まらない。

私とはまったく違うタイプの、自分の快不快がすべてのような人間をポーンとあずけられ、私の価値観はグラグラにされました(笑)。

自分と違う生きる基本軸をもったいのちを、受けいれていく。そのために、私に必要だったのは、何が正しいかよりも、何が私を幸せにするか、を見つめなおすこと。やらなくちゃより、やりたいことをやってみること、自分のからだの声に従うこと、そして、まちがいだらけの「不完全な自分を許す」ということだったのです。

子どもが教えてくれたこと

私は、12歳のとき、父を突然、自死で亡くしました。ずっと「いい子」で、親を困らせてはいけないと思っていた私は、泣きくずれる母を、必死で支えようと、「泣いてはいけない」と自分にいいきかせ、歯をくいしばっているような子どもでした。

親戚も先生も、まわりの大人たちも、みんな、いうことは同じでした。「年子ちゃん、がんばってね。しっかりしてね」。誰も、子どもの私にいってはくれませんでした。「つらいね。がまんしなくていいよ。泣いていいよ」と。

そうして、私は、泣かずに、がんばって、歯をくいしばって、大人になりました。泣いてはいけない、親を困らせちゃいけない。それが「正しいこと」だと、思いこんでいました。そんな私の意識を、根底からひっくり返したのが、わが子の誕生だったのです。

がまんなんてしない、泣きたいときに泣く、ほしいものをほしいといい、全身で求め、甘えてくる、反抗もする。そんな息子を見ていると、なんでいつまでも泣くの？　私ならこうはしなかった！　ということがあちこちで出てきて、無意識でしたが自分の子ども時代と比べて、腹が立ったり、許せなかったり、そして実はそんなわが子が、どこかでうらやましかったのだと思います。

そんな息子のおかげで、私は大事なことに気づけました。歯をくいしばり、泣くことを自分に許せていなかった私のもとへ、人一倍よく泣く、自由で「我がまま」な、赤ちゃんがやってきて、全身で伝えてくれたのです。「泣いていいんだよ。もう、がまんしなくていいよ。ボクみたいに、お母さんも、泣けばいいんだよ」と。

そう気づいたとき、赤ん坊の息子を抱きしめながら、私は30歳をすぎてはじめて、わんわん声をあげて泣きました。そして息子に「教えてくれてありがとう。ここに生まれてきてくれて、ありがとう」と、心の底から感謝しました。

自分を成長させてくれる最高の「贈りもの」。あなたのところにきている赤ちゃんもきっと、あなたにとっていちばん必要なことを教えにきてくれているはずです。

しっかりしなくちゃ、がんばらなくちゃ、と力んでしまう人には、人生をもっと楽しむことや遊ぶこと、のんびり生きることを教えてくれるようないのちが。非主張的で、いいたいこともいえない、という人のもとへ、自己主張の強い、自由奔放な子がきてくれたり。あるいは、バリバリ稼いで競争に勝ってきたような人のところに、もしかしたら、100%お世話が必要なハンディをもった赤ちゃんが、無償の愛を実行する生き方を、教えにきてくれるかもしれません。

私たち親は、子どもをこう育てなくちゃと、変えようとしたり与えようとしたりするけれど、実はまったく逆だと思います。

子どもは親となる人間を育てるために生まれてきてくれる。子どもに育てられて、親になるんですね。だから最初から、自信がなくても不完全でもいいのだと思います。

相談のお手紙をくれたお母さんたちは、正直で、前向きで、エネルギーのある人たちだと思います。悩みを伝えるためには、自分を見つめ、自分を表す勇気も必要です。

そして今、この本を手にしてくれているあなたも、たぶん悩みがあって、変わりたい、なんとかしたいと、もがいている人ではないでしょうか。だとしたら、もうその時点でOK！　悩みながら、へこみながら、もがきながら、それでも今、生きている、懸命に生きようとしている。もうそれだけですばらしく、肯定的なことだと、思います。よいことも、悪いことも、どんな状態も、永遠には続きません。

命もかぎりがあり、私たちも、いつか必ず死を迎えます。家族も永遠ではなく、〝期間限定〟なんですね。いとしい家族も、いつかは、お別れのときが来ます。

だったら、せめて、いっしょにいられる今、怒っているより笑いあっていたい、傷つけあうより愛しあいたい。明日、何があるかわからない今日だからこそ、ケンカしても仲直りしておきたい。「大好きだよ、ごめんね、許して、ありがとう」。つかのまの別れでも、「気をつけてね、いってらっしゃい、愛してるよ！」。惜しみなく、愛を伝え、感謝しあい、今ここの幸せを喜びながら、生きていたい。そう思いませんか。

悩むのも、怒るのも、泣けるのも、痛いのも、生きているからこそ。今すごく悩んでいることも苦しんでいることも、すべてのことは必ず役に立ちます。その体験は宝物になります。その宝物をぜひ、また、次の世代のママたちに生かしてあげてください。

世界中の親たち子どもたちが、幸せで、安らかで、自由でありますように。

あとがき

この本のはじめに記した言葉、「生きててくれてありがとう」には、特別な思いがあります。

3・11東日本大震災の日、南相馬の浜通りに暮らしていた義妹《いもうと》は、津波で家を流され、原発事故にあい、その後、小中高生3人の息子をつれて新潟へ避難しました。

原発20㎞圏内のふるさとへは、いつ帰れるのか、わからないまま…。

こんなことが自分の人生に起こると、誰が想像できたでしょう。

「私、ホームレスになった」

避難所でも子どもたちの前でも、明るく笑ってすごし、泣き言ひとつこぼさなかった妹が、震災後、はじめて再会できたとき、そういって、ぽろぽろ涙をこぼした姿を、忘れることができません。

家も、田畑も、仕事場も、犬も猫も、家族のアルバムも、晴れ着も、子どもたちのランドセルもトランペットも…、すべてを失くした妹が、いのちだけはなくさず、子どもたちと逃げのび、生きて、いま目の前で泣いてくれていること。そのことが奇跡のように尊く、ありがたく、いとおしく思えました。

「そうね、家も、全部なくなって、ハウスレスになったね。でも、ホームはなくしてないよ。ホームは、ここにあるよ」

私は妹にいいました。

避難所でも、仮設の住まいであっても、今日も「ただいまー(I'm Home)」って子どもたちが元気に帰ってきてくれたら、ほっとする。炊き出しのとん汁におにぎりの夕飯も、笑ってみんなで食べられたら、おいしい。体育館でも旅館でも、同じひとつ屋根の下で家族いっしょに眠れるなら、うれしい。

たとえそこがどこであっても、子どもたちが安心して還っていける場所。「おかえり」って受けいれてくれる人、ありのまんまを受けとめあえる家族がいるところ。津波にも流されない、放射能にも負けない、何があっても壊されない、かけがえのない〝絆〟がある居場所。

「そこがHOME《ホーム》。あなたがホーム」なんだと。

だから、お母さんは、生きてるだけでいい。子どもたちが「ただいま」と還っていける存在として、生きててくれれば、それでいい。


「3・11」以降、放射能問題や、食の安全の問題など、子育てをめぐる新たな課題も浮きぼりになりました。

被災後、どこで暮らし、何を食べ、どんな生活をするか。

人それぞれの選択、家族それぞれの決断があり、結論は簡単ではありません。

何より今、私たちの暮らしに問われているのは、「心のホーム」「人と人との絆」の再構築ではないかと、思います。


かけがえのない、多くのものを失った現実。その一方で、新たに生まれた出会い、もたらされた恵みも、ありました。

本書にステキなイラストを描いてくれた柚木ミサトさんも、そのひとり。震災直後、情報収集のためにはじめたツイッターで、見えない放射性物質の危険性を「あかいつぶつぶの絵」で表現していたミサトさんと出会いました。さらに、「子どものいのちを守りたい」と願うたくさんのママたち、大人たちと知りあい、つながりあうことができました。

そして、もうひとり、この本には大切な「産みの母」がいます。

赤ちゃんとママ社編集部の西由香さん。豊かな感性と知性をあわせもち、仕事ができて、ほめ上手。遅筆で怠惰な私が、3年以上も月刊「赤ちゃんとママ」の連載を続けてこられたのは、ひとえに西さんの愛と寛容と忍耐のおかげです(笑)。いつもありがとう。

そんなママ友たちに励まされ、たくさんの道親さんに支えられ、私もなんとか、子育てしながら働いてこられました。

母であろうとなかろうと、いのちを見守りいつくしむ、すべての女性たちへ

――そして、妹をはじめ、予期せぬ災害に見舞われたすべてのママたちへ、この本を捧げます。

かけがえのない、光のいのち。ママたち、生んでくれてありがとう。
幸せも不幸せも、どうか、独りで抱えこまないで。
わが子であろうとなかろうと、みんなで育てあい、大人も子どもも、共に育ちあっていきましょう。

北村 年子

北村年子（きたむら・としこ）

ノンフィクション作家、自己尊重トレーニングトレーナー。自尊感情を育てる「自己尊重ラボLove Myself」主宰。人権教育や子育て支援のセミナーや講演、執筆活動などで活躍中。ホームレス問題の授業づくり全国ネット代表理事。第6回やよりジャーナリスト賞受賞。著書に『「ホームレス」襲撃事件と子どもたち』（太郎次郎社エディタス）『おかあさんがもっと自分を好きになる本』（学陽書房）他。
北村年子の講座や個人セッションのお知らせ
自己尊重ラボLove Myselfホームページ
http://labo-bemyself.com

柚木ミサト（ゆぎ・みさと）

画家、イラストレーター。企業ポスターなどの仕事を中心に、オフィスや店舗のディスプレイ・デザインも手がける。目に見えない放射性物質の危険性を表現した「あかいつぶつぶの絵」シリーズは、全国で話題をよび、特に子どもをもつ女性たちの活動を支えている。

ま、いっかと力をぬいて
幸せなママになるレッスン

2012年 6 月15日　第1版第1刷発行
2022年 7 月 4 日　第1版第5刷発行

著者　北村年子
発行者　小山朝史

発行所　株式会社 赤ちゃんとママ社
〒160-0003 東京都新宿区四谷本塩町14番1号
電話　03-5367-6592（販売）　03-5367-6595（編集）
郵便振替　00160-8-43882
URL　http://www.akamama.co.jp

表紙・本文イラスト　柚木ミサト
編集　西由香
デザイン　浅田潤（asada design room）
校正　河野久美子

印刷・製本　共同印刷株式会社

ISBN978-4-87014-074-5